Der Teufel

kochte tunesisch

von

Michael Dunkel

VERLAG KERN

Bibiliografische Informationen der Deutschen Bibliothek

Die Deutsche Bibilothek verzeichnet diese Publikation in der Deutschen Nationalbibliografie; detaillierte Daten sind im Internet über http://dnb.ddb.de abrufbar

Impressum:

Wolfsbacher Straße 19 - D-95448 Bayreuth
Satz und Gestaltung: www.verlag-redaktionsbuero.de
2. Auflage - April 2007
ISBN: 978-3-939478-02-7

Der Teufel

kochte tunesisch

von

Michael Dunkel

Ich danke all den Freunden, welche mir geholfen haben, aus dieser fast ausweglosen Situation heraus zu kommen.
Mein ganz besonderer Dank gilt einer Reiseleiterin und dem mutigen Einschreiten von Sahir.

März 2002

Vorwort

Es gibt Realitäten, welche so fiktiv sind, dass sie nicht als Wahrheit erkannt werden.
Die Entscheidung, in Tunesien leben zu wollen, war für Mike gedanklich kein großes Abenteuer. Er hatte sich auf diese Möglichkeit vorbereitet und konnte erst sehr spät herausfinden, dass es ein riesiger Unterschied war, in einem moslemischen Land Urlaub zu verbringen oder wie er, eine zweite Heimat zu finden.
Sukzessive wurde er in nicht durchschaubare Aktivitäten eines Glaubensfanatikers hineingezogen, dessen Leben vermischt war mit versuchter Magie, Manipulationen durch Vergiftungen und der Mafia ähnlichen Verbindung zu einer geheimen Organisation, deren Aufdeckung den Anhängern den Tod gebracht hätte.
Religiöser Fanatismus, geschweige die Ausübung von Magie, war von offizieller Seite strengstens verboten. Dennoch wurde das nachfolgend Beschriebene von vielen Menschen aus dem unmittelbaren Umfeld unterstützt oder zumindest geduldet.

*

Wenn ein Mensch glaubt,
er sei ganz am Ende seiner Kraft angelangt,
erst dann wird er erkennen,
welche Stärke er wirklich besitzt.

Kapitel I

Mike hatte Nordafrika vor 25 Jahren das erste Mal besucht und war direkt von dieser Landschaft angetan.
Im Winter 1971, es war der Beginn von Terrorismus-Aktivitäten in Deutschland, wollte er über Weihnachten einen Kurzurlaub verbringen, um sich von dem Arbeitsstress der letzen Monate zu regenerieren.
Er war im Auslandsimmobilien-Geschäft tätig und flog mehrmals im Monat in Südeuropa umher, prüfte Grundstücke auf ihre Eignung zur Bebauung und verkaufte Ferienhäuser an sonnensüchtige Deutsche.
Er war, obwohl in Deutschland geboren und mit deutschen Eltern beglückt, das, was man einen mediterranen Typ nannte. Schlank, beweglich, mit dunklen Haaren und eher spanisch-französischem Aussehen, spielte er mit dieser Erkenntnis, und da er für Sprachen eine Begabung zeigte, hatte er sich schnell zu seinen französischen und englischen Schulvokabeln auch ein wenig Spanisch und Italienisch zugelegt, welches ihm in seinem Beruf sehr zu Gute kam.
Jetzt, kurz vor Weihnachten, blieben die Reiseangebote eingeschränkt, und so entschloss er sich, gemeinsam mit einem Freund Tunesien, ein Land, welches er absolut nicht kannte, als Urlaubsziel zu buchen.
Morgens gegen sieben Uhr startete eine Maschine von Düsseldorf und sollte drei Stunden später auf Djerba, einer Halbinsel im Süden Tunesiens, landen.
Daraus wurden 15 Stunden Anreise mit Zwischenlandungen in Frankfurt, Zürich und Tunis, jedes Mal verbunden mit langwierigen Gepäck- und Personenkontrollen. Der Aufenthalt in Tunis zog sich mehr als fünf Stunden hin und er beschloss, die Zeit zu nutzen und mit seinem Freund den alten Souk der Hauptstadt zu erkunden.

Spät am Abend durften sie endlich ihre Reise fortsetzen. Es war jedoch eine alte Militärmaschine ohne jegliche Verkleidung im Inneren des Flugzeugs, mit der sie das letzte Stück der Route bewältigen sollten. Man konnte das Gerippe des Flugkörpers sehen, und kurz bevor sie starteten, schlug der Flugbegleiter mit einer Notaxt den Riegel der Luke zu.
Kaum in der Luft brach ein Gewitter los mit einer solchen Heftigkeit, die Mike so noch niemals erlebt hatte. Die Maschine trudelte, und man hörte die Nähte im Inneren knakken und ächzen.
Einschließlich der anderen Passagiere saß er, sich angstvoll an den Sitz klammernd, vollkommen starr und hoffte, möglichst schnell und heil zu landen.
Der Regen prasselte weiter, und als der Stahlvogel die Rollbahn berührte, schlingerte er und rutschte weit über das Feld, bis er sich querstellend fing.
Den Weg zum Flughafengebäude mussten sie laufen und kamen völlig durchnässt in der Halle an. Nach langatmigen Passkontrollen und ermüdendem Suchen der Gepäckstücke wurden sie von mürrischen Taxifahrern in alte Karossen gestopft und los ging die Fahrt in eine schwarze Nacht.
Mike verging die Urlaubsfreude, und er wäre auf der Stelle zurück geflogen, hätte es einen Flug zu dieser Zeit gegeben.
Die Fahrt schien endlos und führte über einen Damm, welcher die Insel mit dem Festland verband. Sie erreichten ihr eigentliches Ziel: Zarzis, ein kleiner Touristenort im Süden Tunesiens.

Am nächsten Morgen zeigte sich das Land von seiner schönsten Seite.
Strahlend blauer Himmel, frisch gewaschene Palmen und weiß gekalkte Häuser blitzten in der Wintersonne, und die Strapazen des letzten Tages waren verflogen.

Tunesien hatte auch in diesem Winter sehr kalte Nächte und nur mäßig warme Tage. Es waren keine langen, ausgedehnten Sonnenbäder möglich, und die Hotelanlage, sie bestand aus einzelnen Bungalows, welche sich um ein zentrales Haupthaus mit Speisesaal, Bar und Leseräumen zentrierten, wirkte auf Mike eher langweilig. Das internationale Publikum, überwiegend Engländer und Franzosen, bestand aus meist älteren Semestern und beschränkte sich, wie heute noch üblich, mehr auf die Ferienanlage. Es gab in der Überzahl Gäste, die 14 Tage keinen Fuß über die Hotelgrenze setzten.

Mike erkundete lieber die Umgebung des relativ einsam gelegenen Komplexes und schloss schnell Kontakt zu den Einheimischen.

Zu dieser Zeit hatten, mit wenigen Ausnahmen, nur öffentliche Gebäude Strom. Nachts blieb die ganze Umgebung in ein tiefes Dunkel gehüllt und ließ die Palmen und die Umrisse der vereinzelt gelegenen Berberhäuser sehr romantisch erscheinen.

Es stieg ihm zum ersten Mal die Vision der Geburt Jesu vor Augen und er konnte sich in die Situation der flüchtenden Familie, auf einem Esel durch die kalte Nacht reitend, hineinversetzen.

Die Straßen, eher Sandpisten, wurden gesäumt von vereinzelten Palmen und Schafställen. Ihm fielen tagsüber die verstohlen am Straßenrand hockenden Gestalten auf, welche betont unauffällig ihre Zigarette rauchten. Es stellte sich heraus, dass sie ihre Notdurft verrichteten. Da die Luft jedoch sehr trocke war und überall Sand der Wüste lag, konnten die Geschäfte schnell verwischt werden und niemand störte sich daran. Auch er gewöhnte sich rasch an diesen Anblick.

Außerhalb der Clubanlage gab es weder Cafés noch Geschäfte. Die einzigen Autos, welche ab und zu über die Piste fuhren, waren Taxen. Ansonsten rumpelten Holzkarren

mit vorgespannten Mulis vorbei.
Der ganze Ort lag in einer Oase, die berühmt war für die vielen Dattelpalmen und Olivenhaine, welche, ringsum angelegt, die Landschaft mit auslaufenden Hügeln zum Landesinneren hin begrenzten.
Sie ermöglichten den Menschen ein sehr bescheidenes Auskommen, und die ersten Ansätze eines sich entwickelnden Tourismus unterstützte dies.
Hier erlebte Mike einen Urlaub, der sein späteres Leben deutlich prägen sollte.
Er hatte tiefe Einblicke in die faszinierende Welt des Orients bekommen.
So erhielt er eine Einladung zu einer Hochzeit und folgte dieser mit großer Freude und Neugier.
Eine Karawane von Esel gezogenen Karren, angeführt von einer Musikgruppe und einem Kamel, zockelte von dem Wohnort des Bräutigams ausgehend zum Hause der Braut.
Das Bild vom Tamtam dieser Berber Hochzeit, mit den rotweiß gekleideten Trommel-Tänzern, verbunden mit dem Kamel hoch beladen mit Brautgeschenken, fixierte sich in seine Erinnerung. Die Braut selbst, gefärbt mit Henna und in prächtige blau-goldene Schleier gehüllt auf einem Eselkarren sitzend, beleuchtet von der fahlen Wintersonne und gefolgt von der Hochzeitsgesellschaft, blieb ihm unvergessen.
Er erhielt Einladungen zum Tee in die kargen Behausungen der Einheimischen, und die Gespräche, welche sie dort führten, ein Radebrechen auf englisch, französisch und damals schon ein wenig deutsch, waren von erstaunlicher Philosophie, und die Berber beschämten ihn mit ihrem Wissensdurst und den Kenntnissen von der Welt ohne die Möglichkeit, diese bereisen zu können. Mike wurde in verschiedene Familien als Gast gebeten und war über die Herzlichkeit dieses Volkes jedes Mal aufs Neue erstaunt.

Er bewahrte sich die Eindrücke an die klare Luft und die Gerüche von Kameldung vermischt mit Eukalyptus und Sand. Dies konnte er später jederzeit in seiner Erinnerung abrufen.
25 Jahre später, eher durch Zufall, hatte er die Möglichkeit seine Bilder des Orients zu erneuern.

*

Die berufliche Eigenständigkeit ist für viele ein Traum und für einige eine Ankettung an langer Leine.
Mike hatte sich bereits mit 24 Jahren in Köln ein Einzelhandels-Geschäft aufgebaut und dieses mit viel Erfolg geführt. Die dauernd abverlangte Präsenz dafür machte ihn in langen Jahren jedoch müde und ebenfalls gereizt. Er war einfach nicht in der Lage, sein Leben mit Urlaub oder anderen Freiheiten so zu gestalten, wie er es gerne gehabt hätte.
Diese Unzufriedenheit, gekoppelt mit zusätzlich aufkommenden finanziellen Sorgen, ließen in ihm den Gedanken wachsen, dies alles für ein freieres Leben einzutauschen.
Als sein vierzigster Geburtstag nahte, verwirklichte er seine Vorstellungen von Ungebundenheit und gab, für Außenstehende unverständlich, sein Geschäft auf.
Damit er allem Gerede oder dummen Fragen aus dem Weg gehen konnte, flog er in ein Land, über welches er sich nie wirklich Gedanken gemacht hatte.
Er bereiste die Türkei, ging von Izmir nach Istanbul, danach zurück in den tiefen Süden und verstärkte seine Erfahrungen mit der orientalischen Welt. Die Sprache, Melodien und Landschaft ließen in ihm den Wunsch aufkommen, längere Zeit in der so anderen Kultur zu bleiben.

Dank eines Teppichhändlers, welcher ihm anbot ihn bei sich arbeiten zu lassen und seine Kenntnisse von Sprachen und Verkauf nützlich für sich einzusetzen, konnte Mike ohne Probleme in einem malerischen Ort Namens Dalijan leben. Erst als der Winter nahte und die Frage aufkam, im Land zu bleiben oder nach Deutschland zurück zu reisen, musste eine Entscheidung gefällt werden. Da er kein Türke war und die Bestimmungen der Aufenthaltserlaubnis sich nicht so einfach gestalteten, holte ihn die Realität ein, und er plante schweren Herzens seine Abreise.

Zurück in Deutschland musste er zunächst wieder Boden unter seine Füße bekommen und einen neuen Weg finden, Geld zu verdienen. Sein Metier war der kosmetische Bereich. Schnell fand er ein Fundament und arbeitete vier Jahre relativ sorglos, mit nicht zu verachtendem Erfolg in der Branche des "schönen Scheins."

Leider konnte er sich nicht lange an seiner Tätigkeit erfreuen. Der Bruch entstand, als innerhalb des Konzerns, in dem er arbeitete, zwei Kosmetikgiganten fusionierten und die Mitarbeiter reduziert wurden. Mike, noch unverheiratet und einen Tick zu jung, musste so einem, ihm den früheren Erfolg neidenden, intriganten Kollegen seinen Platz übergeben.

Er glaubte jedoch schon sein ganzes Leben an die Gerechtigkeit des Schicksals.

Diese Gerechtigkeit siegte auch hier, denn er erhielt nach einigen Monaten Rechtsstreites eine nicht unbeträchtliche Abfindung und, um das Füllhorn fast ganz auszugießen, eine schöne, unverhoffte Erbschaft.

Dieser Umstand half ihm über das erfahrene Unrecht hinweg und er beschloss, eher peinlich berührt, sein Gehalt einige Zeit vom Arbeitsamt zu beziehen.

Mittlerweile war er fast 45 Jahre alt und dieses "Amt des Erbarmens" sah sich nicht in der Lage ihn zu vermitteln, und

die zuständige Sachbearbeiterin munterte ihn zusätzlich mit der Bemerkung auf, er sei sowieso zu alt und würde nicht einmal eine Umschulung erhalten.
Hier nahm sein Leben eine sehr entscheidende Wende.

*

Kapitel II

Der Sommer 95 entwickelte sich zu einem der so häufig vermurksten, deutschen Sommer. Es hatte viel geregnet, und während der wenigen Tage, an denen die Sonne schien, lag eine bleiern-schwüle Luft über Köln, welche so prägend für die Menschen dort ist und typisch für die rheinische Metropole.
Ende August hatten sich Freunde von Mike zusammen getan und beschlossen spontan, einen 14-tägigen Urlaub in Tunesien zu verbringen.
Er wurde gefragt, ob er mangels anderer Aktivitäten mitkommen wolle. Nach anfänglichem Zögern stimmte er begeistert zu.
Vergangene Bilder Tunesiens erhielten auf einen Schlag neue Konturen, und er konnte es kaum erwarten, dieses Land wieder zu sehen.
In einem Taschenbuchladen kaufte er sich einen Reiseführer und informierte sich über Land, Gebräuche und Eigenheiten. Er las alles über die Ess- und Trinkgewohnheiten und über die uralte Geschichte von Zarzis, denn dies sollte das Ziel der Reise sein, genau wie vor 25 Jahren.

Es wurde beschlossen, einen Bungalow anzumieten, ein für Südtunesien typisches Berberhaus.
Seine Freunde, Paul, ein Ende 50-jähriger Sean-Connery-Typ mit kurzen, grau-weißen Haaren und einem ebensolchen Bart, und Piet, ein knapp vor seinem Abschluss stehender angehender Banker, lang und damals eher schlaksig, mit stets leicht gebräuntem Teint, welcher die zur Verlegenheit neigende Rötung seiner Haut nur schwach kaschierte.
Diese beiden, lustig, schlagfertig und trinkfest, hatten sich über tunesische Bekannte das Haus aussuchen lassen.
So flogen sie zu dritt nach Djerba, auf die Halbinsel im Süden des Landes.
Der Flughafen, vor Jahren eine Wellblechhütte mit Unterstand, hatte sich zu einem touristischen Koloss entwikkelt. Aus allen Ländern Europas strömten die Urlauber durch die Abfertigungshalle und wurden von wild gestikulierenden, meist bedrohlich freundlichen Reiseleitern, in Busse, Taxen oder Transporter genötigt.
Deshalb waren sie dankbar und erleichtert, als Foussi, ein Bekannter von Paul, sie in seinem Privatwagen abholte und sie so gemütlich der Hektik des Flughafens entkommen konnten.
Nach wenigen Kilometern in Richtung des Landesinneren machten sie ihren ersten Stop in einem Café, welches sofort die Illusion von "1000 und einer Nacht" aufkommen ließ.
Orientmusik mit aufreizend skandierenden Gesängen, verbunden mit dem Geruch der unvermeidlichen Shisha, einer mehrschlauchigen Wasserpfeife, welche von bärtigen, dunkelverbrannten Berbern beim Würfelspiel geraucht wurde, versetzte die Urlauber direkt in ein anderes Jahrhundert.
"Ahjai, a tini arba Cafe min fadlek" (komm her, an mich vier Kaffee bitte), rief Foussi dem jungen, in Pluderhosen und Weste gekleideten Kellner zu.

Dieser kam mit einer leicht unterwürfigen Freundlichkeit und dem neugierig verschlagenen Blick, erworben im Touristengeschäft, auf sie zu.
"Tu es Francais?", fragte er Mike und bleckte eine Reihe von weißen, großen Zähnen. " Non, je suis Allemand et mes amis aussi ", antwortete dieser spontan.
Sie wurden eingehend befragt, wohin sie wollten, wie lange ihr Urlaub dauerte und wie man am Besten nach Deutschland käme.
Die Frage, wie die Aussichten seien, in Deutschland zu leben und dort zu arbeiten, war für viele Tunesier aus dieser Gegend von zentraler Bedeutung.
Ein Tunesier in Tourismusgebieten hatte in der Regel die Wahl zwischen einem Hoteljob oder der Arbeit als Teppichverkäufer. Beides brachte ihm nicht viel ein, etwa 300 -400 Dinar monatlich, was einer Umrechnung in Euro entsprach.
Da in den meisten Fällen eine Heirat erst dann zu Stande kam, wenn er ein eigenes Haus gebaut hatte und seine zukünftige Frau entsprechend ernähren konnte, musste ein Tunesier im Schnitt 30 Jahre alt werden, bis er dieses Ziel erreichte.
Deshalb suchte er jeden Weg, seine finanziellen Mittel vorher aufzubessern.
Eine einfache und beliebte Methode, die entwickelt wurde, war das gezielte Flirten mit vornehmlich blonden Frauen.
Bevorzugt wurden hier die Deutschen, egal welchen Alters.
Geschickt bewegte man sie dazu, Aufenthaltsgenehmigungen für Deutschland zu erreichen, nicht ohne sie vorher mit schmachtenden Blicken und den Schilderungen erschütternder Armut des jeweiligen Bewerbers zu erweichen. Es gab Frauen, welche sich in den totalen Ruin gestürzt hatten, nur damit sie ihrem armen, glutäugigen Sozialfall helfen konnten.

Nach kurzem Aufenthalt fuhr die Gruppe in Richtung

Grenzdamm weiter. Die Halbinsel Djerba ist mit einem alten Römerdamm zum Festland hin verbunden. Dieser ist gleichzeitig eine Art Grenzstation, welche von Polizei und Militär kontrolliert wird. Später wusste Mike, dass es sehr nützlich sein konnte, wenn man eine Flasche amerikanischen Whiskey oder wenigstens einen guten Cognac bei sich hatte, die man, für welche Bestechung auch immer, griffbereit hielt.
Da in Tunesien so eine Art "Buschtrommel" funktionierte, wartete vor dem Ferienhaus schon eine ganze Gruppe Familienangehöriger und Freunde von Foussi auf die Ankunft der Gäste.
Mit großem Salam, Le Base, was soviel heißt wie guten Tag, alles gesund, wurden die drei empfangen und ins Haus geleitet.
Das Gebäude wurde von einer rundum drei Meter hohen Mauer umschlossen, durchbrochen von einem 2-flügeligen, blau gestrichenen Eingangstor.
Dahinter befand sich ein sauber mit Reisigbesen gefegter Sandboden und, nach etwa vier Metern, der säulengestützte, überdachte Bogengang des Hauses. Dieser Zwischenraum von Tor zum Haus war nötig, um in erster Linie einen Sicherheitsabstand zu den allgegenwärtigen, giftigen Skorpionen zu erhalten.
Kindern wird schon in ganz jungen Jahren beigebracht, Skorpione, abends in den Mauerritzen und im Vorhof des Hauses sitzend, zu fangen und zu töten.
Die Unterkunft selbst bestand aus einem großen, hallenähnlichen Raum, über dem eine helle, mit Glassteinen versehene Kuppel thronte. Diese Art zu bauen lässt auch bei größter Hitze eine angenehme, kühle Raumtemperatur zu und gibt, solange die Sonne scheint, ein gleichmäßiges Licht.
Rechts und links von der Kuppelhalle befanden sich kleinere Schlafräume und eine Küche mit angegliedertem Bad.

Paul beschlagnahmte sofort den Kuppelsaal als sein Refugium, während Mike und Piet sich jeweils ein kleineres Nebenzimmer einrichteten.
Für den Abend hatte man sich zum Essen verabredet, welches die Hausverwalterin vorbereiten sollte.
Sie trug den typischen bunt geblümten Wickelrock mit der entsprechend geschlungenen Bluse und um den Kopf ein eng gebundenes Tuch, welches mit einer um die Stirn gewundenen Goldkette gehalten wurde, was der Trägerin das Aussehen einer Zigeunerin verlieh. An ihren Handgelenken klirrten verschiedene Armbänder, die goldene Lebensversicherung einer tunesischen Frau, welche noch vor einigen Jahrzehnten dem Ehemann erlaubte, sich ihrer, mit den dreimal wiederholten Worten "Ich verstoße Dich", zu entledigen. Gott sei Dank hatte sich das geändert.
Die Männer, von dem Flug und der Hitze müde, duschten sich nacheinander unter einem spärlichen Rinnsal von zunächst kaltem Wasser und zogen sich, im Haus durchaus angebracht, landesübliche Jellabas an, lange, aus Baumwolle gewebte Kleider, welche im ersten Augenblick wie Nachthemden anmuteten.
Es gab kein bequemeres Kleidungsstück, welches gleichzeitig eine herrliche Kühlung des Körpers zuließ.
Gegen Abend trafen noch vier weitere Gäste ein, welche zum Abendessen blieben.
Wenn man Einblicke in das südtunesische Leben hatte, wusste man, dass keiner ungefragt zum Essen kam. Der Besucher gesellte sich zwar dazu, griff jedoch nur nach mehrmaliger Aufforderung zu einem kleinen, symbolischen Stück Nahrung. Es sei denn, er fühlte sich bei seinen Freunden wirklich zu Hause - dann plünderte er den ganzen Kühlschrank.
Mike erfuhr erst viel später, dass die Angst, vergiftet oder von einem bösen Fluch belegt zu werden, vornehmlich in Zarzis so

groß war, dass sich keiner verleiten ließ, von Fremden etwas anzunehmen. Dies konnte er bei den ersten Begegnungen jedoch noch nicht ahnen.
Er war im Gegenteil so fasziniert von dem orientalischen Flair und von der Herzlichkeit der Menschen um ihn herum, dass er überschwänglich entschied: "Hier will ich leben, ein Haus bauen und glücklich sein."
Zu den Freunden von Foussi gehörte ein untersetzter, ca. 30 Jahre alter Mann mit dicken schwarzen Lockenhaaren und einem breiten, fast sinnlichen Mund. Die Augen waren groß geschnitten und vermittelten den Eindruck, wenn er lachte oder erregt diskutierte, sie würden ihm sofort aus den Höhlen fallen und wie schwarze Murmeln zu Boden rollen.
Die anderen stellten ihn als Faruk vor, und er arbeitete bei einem bekannten und sehr reichen Teppichhändler, der seine Geschäfte auf der Insel Djerba betrieb.
Auch er wohnte, wie die meisten der Händler, in Zarzis, fuhr jeden Tag den weiten Weg zu seiner Arbeit und abends über den Römerdamm zurück.
Von der übrigen Gruppe etwas zur Seite gedrängt, machte Faruk auf Mike einen ruhigen und klugen Eindruck.
Sie sprachen beide über ihr Leben, und Faruk erzählte, er wolle heiraten, brauche dafür aber ein eigenes Haus und würde sich am Liebsten auf eigene Beine stellen.
Mike wiederum schwärmte davon, hier an diesem Platz mit genau so einem Haus den Rest seines Lebens verbringen zu wollen. Er habe keine Verpflichtungen in Deutschland, ein gewisses Vermögen, um hier gut leben zu können, und den Willen, in Tunesien Geld und Arbeit zu investieren.
Faruk hörte sehr aufmerksam zu und bestätigte mit vielen Gesten und einnehmenden Worten, wie einfach und sorglos es hier im "Miami Europas" zu leben sei.

Darin wurde Mike bestärkt, als er mit seinen Freunden am nächsten Tag den kleinen Urlaubsort Souhiel erkundete. Dort, wo vor 25 Jahren eine einsame Sandpiste die Landschaft teilte, waren jetzt Restaurants, Cafés und Souvenirläden entstanden, und der Massentourismus wurde deutlich sichtbar. Faruk hatte jedoch sofort darauf bestanden, dass Mike sich von den Urlaubern fernhalten und sich lieber mit den Einheimischen unterhalten solle, um sich so deren Lebensgewohnheiten anzupassen.

Ihm war das nur recht. Er begriff zu diesem Zeitpunkt jedoch nicht, dass dies schon die ersten Ansätze von Isolierung für ihn bedeutete.

Die Urlaubswochen flogen vorbei. Mike hatte sich schon einige arabische Worte gemerkt und vorher in Deutschland zusätzlich Vokabeln gepaukt. Dies kam rundum sehr gut an, wurde mit Erstaunen und Freude kommentiert, und alle waren sich einig, dass er zu ihnen gehöre.

Seine Freunde Piet und Paul waren zwar skeptisch, begrüßten jedoch auch seinen Entschluss, sich lieber eine neue Aufgabe im sonnigen Afrika zu suchen, als frustriert und ohne Arbeit in Deutschland zu sitzen.

So wurden jeden Tag Pläne entwickelt, eine Strategie festgelegt, was wie zu tun sei, und am letzten Tag der Abreise erklärten sich Mike und Faruk gegenseitig bereit, einander zu helfen.

Während des Urlaubs hatte Faruk seinen Freund, den er sofort "reines Herz" (gelba behi) nannte, fast täglich mit an seine Arbeitsstelle genommen.

Dort schwärmte er ihm von einem eigenen Laden mit Schmuck, Teppichen und Keramik vor und von der Aussicht, dass Mike ebenfalls ein Geschäft mit Textilien für Touristen eröffnen könnte.

Sie besuchten auch Faruks zukünftige Frau, ein zartes, für

tunesische Verhältnisse jedoch sehr selbstständiges Mädchen, welches interessiert nach seinen finanziellen Möglichkeiten fragte. Er gab bereitwillig und fast naiv Auskunft und freute sich jeden Tag mehr auf sein neues "Zuhause."
Erleichtert wurde die Entscheidung für ihn durch den Umstand, dass sein Freund Paul sich an einem Bootbauprojekt bei seinem Bekannten Foussi beteiligt hatte. Dieses schien erfolgreich gestartet zu sein, und Paul winkten vermeintlich die ersten Erträge.
Piet meldete jedoch Bedenken an, welche schon deshalb zurück gewiesen wurden, weil er weder Klima, noch Essen, noch die sanitären Verhältnisse als annehmbar einstufte.
Für den letzten Abend des Urlaubes hatten Teppichhändler für ihre Kunden ein großes Fest am Strand veranstaltet. Aus Holz und trockenem Seetang wurde ein Feuer entzündet und mit in Folie gebackenem Fisch und genügend Bier Hunger und Durst gestillt. Die Strandverkäufer und Handlanger zogen sich traditionelle Kleidung an und schlugen unermüdlich die einheimischen Trommeln.
Die ganze Nacht tanzten und sangen sie. Die geladenen Touristinnen und auch die drei Freunde fühlten sich rundum gefangen in dem orientalischen Zauber dieser Strandnacht.
Paul hatte ein hübsches, langbeiniges Mädchen mit blonden Haaren und einem "Claudia Schiffer"-Lachen in den Arm genommen. Sie schwärmte von seiner weltmännischen Art und konnte nicht glauben, dass er nicht Sean Connery war. Mike und Piet sprangen mit den Arabern herum, versuchten den schnellen, rhythmischen Schlag der Trommeln aufzugreifen und mit in den skandierenden Singsang zu verfallen.
Am nächsten Morgen packten sie für die Abreise, und am Nachmittag wurden Paul, Piet und Mike mit einem großen Aufgebot an Freunden verabschiedet und mit mehreren Begleitpersonen zum Flugplatz gebracht.

Kaum zurück in Köln, setzte sich Mike mit der deutschen Botschaft in Tunis und mit der tunesischen Botschaft in Bonn in Verbindung, um, wie verabredet, ein 3-monatiges Visum für Faruk zu erhalten. Er übernahm die Verantwortung für dessen Aufenthalt, zahlte eine Versicherung und erhielt die Erlaubnis, seinen nordafrikanischen Freund über die Wintermonate nach Deutschland einzuladen.

Faruk reiste im Dezember nach Köln, die Koffer voller Gastgeschenke für Mike und dessen Freunde. In langen Gesprächen, mit Plänen über den Neuanfang in Tunesien, versicherte er ihm mehrmals: "Kein Problem, wenn du in mein Land kommst, ist alles geregelt, vertraue mir, du bist in besten Händen."

Mike vertraute ihm. In der Vergangenheit war es seine Art gewesen, jedes Detail zu prüfen, sich abzusichern und sich vor allen Dingen genau zu informieren.

Natürlich hatte er sich auch jetzt über Mentalität und Sitten seiner neuen "Gastgeber" Bücher besorgt und diese gelesen. Er hatte sein Arabisch weiter verbessert und konnte mit dem üblichen "Essenbestellen" und anderen Floskeln durchaus zufrieden sein. Die ständigen Versicherungen, Tunesien sei ein weltoffenes und modernes Land, schienen ihn jedoch einzulullen, und schon bald zog ein Schleier des "Nicht-Mehr-Sehen-Könnens" über seine Gedanken, und so beurteilte er kleine Nuancen von Ungereimtheiten zu leichtfertig.

Faruk brachte ihm als Geschenk einen silbernen Ring mit, welcher eigenartig mit einem inneren, zweiten Ring versehen war. Mike war darüber befremdet, dass dieses Schmuckstück nicht silbern glänzte, sondern merkwürdig gräulich-schwarz aussah. Sein Freund bestand jedoch darauf, er müsse den Reif tragen, er bringe ihm Glück und würde die tunesischen Pläne festigen.

Er trug ihn und fühlte sich nach einigen Tagen merkwürdig

matt und realitätsfremd. Dem Unmut von Faruk zum Trotz zog er ihn aus und legte ihn beiseite.
Der Tunesier bemühte sich jeden Tag zu versichern, wie gut die Idee sei, mit ihm ein Geschäft in seinem Land zu eröffnen. Mike hatte ihm 20.000 Euro für seine Geschäftsgründung als Darlehen versprochen, und das wurde zur Sicherheit in einem privatschriftlichen Vertrag festgehalten und von Faruk theatralisch unterschrieben.
Mike hatte unterdessen allen seinen Bekannten und besonders seiner langjährigen Freundin Juliana das Vorhaben, in ein anderes Land zu gehen, mitgeteilt.
Juliana, eine geborene Schwäbin, die mit ihrem Mann aus beruflichen Gründen in Köln lebte, war eine zierliche, dunkelhaarige Frau mit der Allüre und dem unverwechselbaren Chic einer rassigen Italienerin.
Ständig hinterfragend und zu einer guten Analyse fähig, warnte sie inständig, er solle sich nicht in ein unbekanntes Abenteuer stürzen. Die beiden hatten schon Jahre vorher Nächte mit Telefongesprächen verbracht, sie kannten sich wie Geschwister und hatten keinerlei Geheimnisse voreinander.
Juliana war für ihn seit ihrem Kennenlernen ein Regulator seiner ungestümen Gedankengänge, und auch jetzt erörterten beide, ob so ein Anfang in einer fremden Kultur nicht zu viele Gefahren mit sich bringen würde.
Mike bestand jedoch auf seinen Willen und führte an, dass er seine Eigentumswohnung in Deutschland nicht aufgeben und die Bande zu seinen Freunden ebenfalls nicht zerschneiden würde.
Sie hatten sich über eine gemeinsame Bekannte kennen gelernt und sofort ihre im Gleichklang liegenden Interessen erörtert. Beide entwickelten einen starken Hang zur Astrologie und den sicheren Instinkt für Übersinnliches.
Damals, Mike vollendete gerade seinen 35. Geburtstag, such-

te er mit ersten Anzeichen nach einem tieferen Sinn des Lebens.
Er haderte zu diesem Zeitpunkt mit einem Phänomen, welches er nicht in den Griff bekam. Jedes Mal, wenn er glaubte, er hätte mit einem Projekt Erfolg, wurde ihm dieser, oft im letzten Augenblick, verwehrt.
Er empfand es als eine Art Fluch und versuchte, mit Dickköpfigkeit und seiner ihm angeborenen Willensstärke die Dinge für sich zu entscheiden.
Als er mit Juliana besser vertraut war, sprach er mit ihr über seine Schwierigkeiten, und sie erbot sich, ein persönliches Horoskop für ihn zu erstellen und rief nach einigen Tagen sehr erregt und freudig an.
"Mike", sagte sie, "du hast eine Opposition zu deinem Jupiter. Deshalb darfst du dein Glück niemals zwingen, sondern musst es auf dich zukommen lassen. Wenn du das lernst, wird dir Vieles leichter von der Hand gehen."
Sie sprach auch von Deutungen, welche den Schluss zuließen, er sei eine "alte Seele".
Diese Erklärungen halfen ihm nicht nur, nein, er fühlte sich, als habe er vom Baum der Erkenntnis gegessen, und vieles wurde in seinem Leben leichter und verständiger. Ihr gemeinsames Interesse galt ebenfalls den Tarotkarten, die sie fasziniert studierten.
Genau diese Karten legte Juliana ihm vor seiner Abreise nach Tunesien und gab ihm dunkle, befremdliche Deutungen anhand.
Natürlich ließ Mike diese Warnungen auch in seinem Inneren zu.
Er wurde nachdenklich, zerstreute jedoch eher trotzig alle Bedenken und packte sein Unternehmen an. Er fuhr mit Faruk zu seiner Bank und händigte ihm dort den versprochenen, hohen Geldbetrag in bar aus.

Für sich selbst hob er die gleiche Summe ab, um sein eigenes Geschäft in Tunesien finanzieren zu können. Glücklich, in freudiger Erwartung, flog er wenige Tage später (Faruk war schon abgereist und wollte seine Ankunft vorbereiten) nach Djerba.

Nach seiner Landung und der anschließenden Gepäckkontrolle wurde er im Empfangsgebäude von seinem Freund mit großer Hektik empfangen. Mike wollte sein mitgebrachtes Geld am Zoll deklarieren, aber Faruk bedeutete ihm, dies sei nicht nötig, er habe gute und viele Freunde bei der Polizei, und die Formalitäten sollten auf jeden Fall in Zarzis-Souhiel erledigt werden, denn jetzt sei keine Zeit mehr.

So wurde sein Gepäck im Wagen verstaut, und entspannt fuhren sie, wie schon vor Monaten, Richtung Römerdamm. Dort angelangt, stellte Faruk ihn direkt mehreren Polizisten als "Sachbi Behi" (guter Freund) vor. Er wurde genauestens beäugt, und er konnte diese verstohlenen, lauernden Blicke spüren, welche signalisierten, dass die Männer etwas wussten, das er noch nicht deuten konnte.

Die Straße führte über den Damm, und weiter ging es über die Route des Hotels, eine fast schnurgerade Strecke nahe entlang der Küste, in Richtung Zarzis. Rechts und links der Straße reihten sich über Kilometer Olivenplantagen aneinander. Die Besitzer dieser Plantagen waren unglaublich reich und lebten mit Ihren Familien meist im Norden des Landes.

Nach etwa einer Stunde Fahrt erreichten sie die ersten kleineren Orte, unterbrochen von Hotelanlagen, die, isoliert und eher versteckt, auf der zum Meer gelegenen Seite lagen und die ansonsten natürliche Landschaft zersiedelten.

Für Mike hatte man ein Haus direkt am Strand gelegen angemietet, welches er natürlich selbst bezahlte.

Auf seine Frage, weshalb sein neues Domizil mehrere Kilometer von dem eigentlichen Wohnort Faruks entfernt lag,

antwortete dieser eher etwas schroff, es gebe keine andere Möglichkeit, und er solle auch isoliert leben, damit Nachbarn, Freunde und auch Geschäftsleute nicht neidisch würden.
Er akzeptierte diese Regelung, er kannte die neugierigen Fragen von früher und das Bohren, "was machst du hier, was willst du?". Er wusste, alle Bewohner des Ortes und auch Bekannte wollten wissen, ob er Faruk Geld gegeben hatte.
Deshalb sollte er auf keinen Fall mit Fremden sprechen, auch bei Freunden nur spärlich Auskunft geben und im Übrigen "ihn machen lassen." Da Mike gelernt hatte, mit orientalischer Mentalität umzugehen, fiel ihm das nicht schwer, und er stellte auch keine weiteren Fragen mehr.

*

Das Haus hatte den für Südtunesien entsprechenden Charakter. Es war leuchtend weiß gestrichen, mit hellblauen Fensterrahmen und Türen versehen, an der Rückseite die zum Meer gerichtete Sonnenterrasse. Es lag mit nur 400 Metern Distanz zum Wasser, und Mike konnte das Salz der Gischt auf den Lippen spüren.
Anfang März zeigte sich das Wetter noch launisch. Morgens regnete es, mittags brannte die Sonne und gegen Abend kühlte es empfindlich ab, und eine Feuchtigkeit machte sich im ganzen Gebäude bemerkbar.
Im inneren, hinteren Teil des Hauses gab es ein Badezimmer mit einer Dusche, die, wie alles in Tunesien, mit Gas geheizt wurde. Da Mike schon als Kind eine Panik vor Gas empfand, blieb er auch entsprechend vorsichtig und hielt ein wachsames Auge auf den in der Küche angebrachten Boiler, der ebenfalls das angrenzende Bad versorgte. Gleich am ersten Abend sei-

ner Ankunft verhinderte er so einen Unfall oder Schlimmeres. Nach den Anstrengungen des Fluges und der langen Autofahrt schrie alles in ihm nach einer Dusche.
Er ließ gerade vorbereitend das Wasser laufen, da bemerkte er ein für sein Empfinden zu lautes Geräusch, welches von dem Gasboiler in der Küche hervorgerufen wurde. Bei näherer Prüfung stellte er fest, dass der Schlauch mit dem zugeführten Gas der Flamme so stark ausgesetzt war, dass er in wenigen Minuten zu heiß geworden und eine Explosion unausweichlich gewesen wäre.
Faruk, der sich vor das Haus gesetzt hatte, wurde von Mike empört und auch erschrocken gefragt, wie es zu der falschen Installation kommen konnte.
Zunächst erstaunt, auch ein wenig verlegen, prüfte dieser den Gasboiler und gab dann zu, dass er unsachgemäß angeschlossen wurde.
Der Übeltäter, ein Bruder eines Freundes aus dem Dunstkreis von Faruk und sofort herbeigerufen, musste sich entschuldigen. Mit fragenden, bedeutungsvollen Blicken in Richtung Faruk, führte er die "Reparatur" durch, und Mike konnte, leicht verunsichert, endlich duschen.
Diese Situation sollte der Beginn einer Reihe ähnlicher Begebenheiten sein, welche für ihn, bis zur Beendigung des Tunesien-Dramas, fast alltäglich wurden und beinahe seinen Tod zur Folge hatten.
Hätte der im Nachhinein als beabsichtigt erkannte Fehler an der Dusche am ersten Abend zum Erfolg geführt, wäre eventuell ein tragischer Unfall daraus entstanden und Faruk dadurch ein reicher Mann geworden.
Zunächst fuhren sie jedoch noch in der gleichen Nacht zu Freunden von Faruk. Sie wohnten am Stadtrand von Zarzis in einer wilden Gegend, einem mit Kakteen und Eukalyptusbäumen bewachsenen Areal.

Die Zufahrt des Hauses bestand aus einem schmalen, sandigen Weg, und Mike sah, dass es sich quasi noch im Rohbau befand. Faruk bestätigte, wie arm das zu besuchende Ehepaar sei, und dass er ihnen auf jeden Fall helfen müsse. Der Besitzer sei ein "Heiliger Mann" und würde ihm, dem streng gläubigen, überaus ehrlichen und aufrichtigen Faruk, zu seinem Glück verhelfen. Genaueres würde er Mike später erklären und ihn in die tiefen Geheimnisse von MicMac und Hadra einführen.
Das Paar hieß Aisha und Ddd...t. (Seinen richtigen Namen erfuhr Mike nie. Das Kürzel stand für ein Morsegerät, welches ihm später noch viel "Kopfzerbrechen" machen sollte).

*

Kapitel III

Faruk hatte auf der Hinfahrt zu diesem entlegenen Haus einiges über die beiden erzählt. Der Mann, so etwas wie ein Priester, sei krank, er käme nicht aus dieser Gegend und seie auch nicht sehr beliebt bei seinen Nachbarn.
Er hatte mit Aisha drei Kinder und lebte zusammen mit deren Bruder Mohamed in diesem besagten unfertigen Rohbau, welcher Stück für Stück in mühevoller Eigenarbeit fertig gestellt werden sollte.
Aisha wurde von ihm als die Frau mit dem zweiten Gesicht und mit zusätzlichen, hexenartigen Kenntnissen versehene Heilige geschildert.

Auf seine verwunderten Fragen erhielt Mike die Erklärung, dass in dem alten Zarzis schon seit langer Zeit MicMac, eine Art Voodoo, betrieben würde. Faruk sprach davon, dass Aisha die Seelen reinigen und mit Tees und bestimmten Kräutern, welche verbrannt wurden, die Menschen von Unheil und bösen Dämonen befreien könne.
Da er aus seiner Vergangenheit mehr Zugang zu spiritistischen Ritualen hatte als ein normal lebender Durchschnittsmensch, erschien Mike die Sache nur bedingt unheimlich. Ganz im Gegenteil. Er fragte neugierig nach Details und bekam bereitwillig Auskunft, jedoch blieb es bei oberflächlichen Erklärungen.
Sich selbst eher als Beobachter sehend, kam er keine Sekunde auf die Idee, er könne in irgendeiner Gefahr sein, zumal Faruk ihm wiederholt sagte, Mike sei ebenfalls so etwas wie "heilig" und seine Seele sei "sauber."
Er interpretierte dies als blumenreiche Sprache des Orients und war sogar ein wenig geschmeichelt.
Nachdem sie ausgestiegen waren und vor dem Eingangsbereich standen, mussten sie im Vorhof die Schuhe ausziehen, eine Geste, die in allen moslemischen Haushalten Sitte ist. Sie wurden in einen Raum ohne Fenster geführt, nur erhellt durch mehrere Kerzenstummel, welche auf dem kahlen, lehmgestampften Boden standen.
An den Wänden sah Mike mattenähnliche Wolldecken gespannt und auf dem Boden, hart an die Wandseiten gelegt, ebenfalls Teppiche, die zum Sitzen genutzt wurden.
Er erkannte im Halbdunkel des Raums einen in sich zusammengekauerten Schatten, welcher sich langsam nach vorne beugte und sah dann im seitlichen Schein der Kerzen ein hageres, von nicht zu definierenden Schmerzen angestrengtes Gesicht.
Wenn er die vorzeitige Alterung der südländischen

Bevölkerung von seinem Erscheinungsbild abrechnete, war der Mann etwa 36 Jahre alt. Er hatte riesige, vergeistigt leuchtende Augen und eine sehr markante, langgezogene Hakennase. Sein darunter liegender Mund schien schmal und passte mit den verhärmten, nach unten gezogenen Winkeln nicht zu seinen blitzenden Augen.

Gehüllt hatte er sich in eine Wolldecke, die ihm, in Jesus-Manier, von einer Schulter fiel. Darunter trug er ein graues T-Shirt, eine weite, zerschlissene Hose, und die Füße, die er mit der Decke nur halbwegs verstecken konnte, waren nackt.

Als er Mike sah, heftete sich sein Blick fast magnetisch auf ihn, und dieser spürte eine Kraft und gleichzeitig eine Bedrohung, welche von "Ddd...t" ausging.

"Spalachir, le Base, Hamdullah" ("Guten Abend, mir geht es gut, Gott sei gepriesen"), sagte er zu ihm, und dieser erwiderte das Begrüßungsritual mit dem gleichen Wortlaut.

Die Gäste nahmen nach Aufforderung an der gegenüber liegenden Wand Platz. Plötzlich erschien wie durch Zauberhand eine Frau im Türrahmen und kam mit gesenktem Kopf, aber leichtfüßig, auf die beiden zu.

Sie war klein, höchstens 1,59m groß, von heller Hautfarbe und mit grauen, ebenfalls glitzernden Augen. Sie trug ein Kopftuch, welches bis über ihre Schultern hing, ein langes, weites, graublaues Gewand, und auch sie trug keine Schuhe.

Zu Faruk gewandt, mit einer Kopfneigung in Richtung Mike, fragte sie: "Hua gul arabi? Hua inter Sachbi?" ("Spricht er arabisch, ist er dein Freund?").

Faruk antwortete in Reihe der Fragestellung mit lä (nein) und bä (ja).

Es konnte nur Aisha sein, und sie nahm an der dritten Wand, also zwischen ihrem Mann und den beiden Gästen, Platz und sortierte ein Tablett mit Gläsern, Tee und Töpfen.

Dann bereitete sie rituell den Tee und reichte ihn ihren Gästen.

Die Zeremonie beginnt damit, dass die Frau des Hauses auf dem Feuer einen Kessel, gefüllt mit Tee und Wasser, zum kochen bringt. Die Flüssigkeit wird vom Kessel in ein Gefäß und wieder zurück geschüttet, solange, bis sich eine grün-rote Farbe abzeichnet. Danach wird der Tee mehrmals vorgekostet und dann in kleine Gläser umgefüllt.
Aisha verrichtete ihre Arbeit mit schnellen, eleganten Bewegungen und warf Mike dabei kleine, neckische Blicke zu, welche er als Zustimmung interpretierte.
Der Tee wird im Laufe eines Besuches drei Mal gereicht. Zwischen dem zweiten und dritten Anbieten vergehen bis zu zwei Stunden.
Das dritte Ausgießen von Tee ist gleichzeitig die Aufforderung, danach zu gehen. Deshalb sollte das letzte Glas Tee auch zügig getrunken werden. Mike wusste dies schon und war deshalb erstaunt, dass nach dem dritten noch zwei weitere Getränke folgten.
Deutsche sind in fast jedem Land der Erde als unverschämt, belehrend und arrogant verschrieen.
Dies waren für Mike Gründe genug, nicht in Gespräche zu platzen oder Vorgehensweisen in Frage zu stellen. Er ließ vielmehr Handlungen und Gesten auf sich wirken, und dafür wurde er mit Wohlwollen und Zuneigung belohnt.
Seine Zurückhaltung führte jedoch andererseits dazu, dass sich die Berber ungeniert in ihrer Sprache unterhielten und er so auch bei späteren Gelegenheiten Zeit fand, eingehend Gesten und Gesprochenes zu vergleichen und aus dem Gehörten seinen Sprachschatz zu erweitern. Die abendlichen Besuche bei Aisha fanden von nun ab fast täglich statt, und Mike verstand, teils sinngemäß, nach nur knapp fünf Wochen viele Gespräche.

*

Die ungewohnte Umgebung der ersten Nacht in seinem Haus ließ ihn unruhig schlafen. Er wurde gegen Morgen von lautem, dunkel tönendem Geschrei wach und sprang mit einem Satz an das Fenster seines Schlafzimmers, welches zum Meer ausgerichtet war.
Laut lachend und erleichtert sah er auf einen Esel, angebunden an eine große Dattelpalme, welche schräg seinem Haus gegenüber auf einem nachbarlichen Grundstück stand. Dieser Esel begrüßte ihn jeden Morgen, solange er dieses Haus nutzte.
Mit den Eindrücken des letzten Abends und der verbrachten Nacht stellte sich Mike unter die Dusche und versorgte anschließend sein Gepäck, indem er seine Kleidung so gut es möglich war unterbrachte. Gegen neun Uhr traf Faruk ein, mit frischem Brot unter dem Arm und breitem Grinsen auf seinem Gesicht und forderte ihn auf, sich schnell anzuziehen, Tee aufzubrühen und mit ihm zu frühstücken.
Danach fuhren sie mit dem Auto, einem alten Peugeot mit undefinierbarer Farbe, in Richtung Römerwall auf die Insel Djerba.
Hinter dem Grenzdamm, nach einer kurzen Fahrt, hielten sie an einem kleinen, langgezogenen Souk an, welcher an der einzigen großen Küstenstraße lag.
Genau diesem Souk gegenüber glänzte ein fertig gestelltes Hotel, im maurischen Stil gebaut, welches mit der Rückseite an den Strand und das angrenzende Meer reichte. In einer Entfernung von gerade 700 Metern wurde ein weiteres Hotel, schon im Rohbau, errichtet.
Faruk führte Mike in die Anlage des kleinen Bazars und sagte zunächst nichts, sondern sah ihn erwartungsvoll und listig grinsend an.
Dieser erkannte sofort, dass es die neuen Geschäftsräume für ihn und Faruk sein mussten und freute sich überschwänglich,

eine so gute Lage in Aussicht zu haben. Die beiden planten und rechneten und beschlossen, vier dieser Läden zu mieten. Faruk kannte den Besitzer des Souks sehr gut. Er wohnte in Midoun, einer neuen Touristenstadt, etwa acht Kilometer von ihrem jetzigen Standort entfernt.

Er hieß Mustafa und betrieb eine Telefonzentrale im Zentrum der Stadt, das bedeutete, er hatte die Telefonzellen gekauft und erhielt hierfür die Gebühren. Gleichzeitig war er im Stadtrat tätig und besaß ein für tunesische Verhältnisse großes Haus, etwas abseits gelegen vom Zentrum.

Sie wurden in das Büro von Mustafa gebeten und mit dem unvermeidlichen Tee bewirtet. Er begrüßte den Deutschen freundlich, jedoch zurückhaltend, und wurde erst locker, als der ihm mit der Begrüßungsfloskel und einigen belanglosen Sätzen in arabischer Sprache konterte.

Fragend drehte er sich dann zu Faruk um, der ihm einen Schwall von Sätzen entgegen schleuderte, ständig mit kurzen, zu Mike gerichteten Blicken.

Man unterhielt sich lange, und Mike bat zwischendurch um Übersetzung der Gespräche. Diese wurden kurz erläutert, und er fand, alles was er bis jetzt gehört hatte, stehe unter einem guten Stern.

In Tunesien gibt es eine Art sozialer Kolchose. Hier sind mehrere Personen in einem Verbund, um, wie in diesem Fall, gemeinsam ein Grundstück zu kaufen und später Geschäfte darauf zu bauen. Mustafa war der Verwalter eines solchen Objektes.

In französischer Sprache fragte er Mike eingehend, ob er Faruk Geld gegeben habe und ob er ebenfalls ein Geschäft mieten möchte. Der bestätigte dies und bekräftigte seinen Willen, in Tunesien zu bleiben mit der Aussage, er wolle so schnell wie möglich ein eigenes Haus bauen.

Mustafa veranlasste, dass ein Vertrag vorbereitet wurde, den

beide unterschreiben sollten.
Hier sprach Mike zum ersten Mal von seiner Absicherung. Er meinte damit die Sicherheit, in Tunesien bleiben zu können und später sein Geld von Faruk zurück zu erhalten.
Mustafa erklärte ihm, in so einem Fall müsse er eine Eintragung für sein Geld auf Faruks Geschäfte machen lassen. Dies sei durchaus üblich und gelte als absolute Sicherheit.
Der Angesprochene blickte fast bösartig in Richtung Mustafa und sagte kurz und ungehalten: "Lä.".
Mike fragte umgehend, ob ein Problem entstehen könnte, doch Faruk wiegelte ab, "alles sei noch nicht so gereift.".
Bei Mike entstand erstmalig ein Misstrauen gegenüber seinem Freund, er war sich jedoch unsicher und schob seine Bedenken auf Sprachschwierigkeiten ab.
So äußerte er sich nicht weiter darüber, blieb aber später auf der Rückfahrt sehr nachdenklich.
Am gleichen Abend fuhren sie zu Aisha. Sie wurden, wie den Tag zuvor, freundlich begrüßt, man reichte Tee, und witzelnde Gespräche machten die Runde.
Faruk wurde von einem auf den anderen Augenblick sehr ernst und redete auf Aisha ein. Diese sah wiederholt zu seinem Freund herüber, nickte bedeutungsvoll mit dem Kopf und grinste plötzlich hämisch.
Danach verschwand sie in einen anderen Raum und kam ein halbe Stunde später mit einem kleinen Teppich zurück. Dieser Teppich hatte eine giftige, violettrote Farbe. Sie hielt ihn fast mit spitzen Fingern und legte ihn zu Mikes Füßen nieder.
Dessen fragende Blicke wurden von Faruk beantwortet. "Der Teppich ist ein Geschenk an dich. Er soll dir Glück bringen, und du musst ihn stets vor deinem Bett liegen haben. Er wurde extra für dich mit heilenden Kräutern behandelt, damit dir nie etwas Böses geschieht. Das Geschenk musst du annehmen, sonst beleidigst du die ganze Familie."

Mike empfand, trotz einer warnenden Regung, Rührung und nahm den Teppich an.
Nach ihrer Rückkehr legte er ihn an sein Bett und schlief in dieser Nacht schlecht.
Einige Nächte später wurde er mit Erstickungsanfällen wach. Sein Hals war wie zugeschnürt. Er konnte nicht schlucken und hatte das Gefühl, eine sehr starke Erkältung zu bekommen.
Nachdem ein paar Tage vergangen waren, sprach er Faruk auf die Symptome an, und Mike bemerkte ein Aufleuchten in dessen Augen. Er drehte sich ein wenig zur Seite und kam mit der Erklärung, es sei kalt und feucht in den Räumen, und sie sollten jetzt auf der Stelle zu Aisha fahren. Sie müsse ihm einen Tee zubereiten, der genau gegen diese Halsprobleme helfen würde.
Mike war sich nicht ganz schlüssig, willigte aber ein, und sie fuhren wie gewohnt in Richtung Stadtrand.
Auf halber Strecke hielt Faruk in einer kleinen Seitenstraße an und bestand darauf, dass sein Begleiter im Auto blieb. Nach 10 Minuten kehrte er mit einem Büschel pelzig aussehender Blätter in den Händen zurück.
Die Blätter wurden bei Aisha zu einem Tee gekocht und Mike, der zurückhaltend reagierte, fast gezwungen, zwei von den gefüllten Gläsern dieses Gebräus zu trinken.
Den Tee hatte Aisha stark gesüßt, dennoch war der bittere, herbe Geschmack für ihn schlecht zu ertragen.
In Freundlichkeit und Fürsorge eingelullt, kam er nicht dazu, große Überlegungen anzustellen, ob das, was mit ihm geschah, gut war oder ihm Schaden zufügte. Nur die Schmerzen in seinem Hals und das Beklemmungsgefühl blieben und entwickelten sich sogar täglich stärker.
Er hatte vor vier Jahren seinen Vater verloren. Das Verhältnis der beiden verlief in Mikes Jugendjahren nicht besonders gut. Sein Vater war sehr konservativ und zuweilen engstirnig ein-

gestellt.
Mike, ein typischer Vertreter der 70er Jahre, stellte vieles in Frage und erfand ständig neue Regeln. Erst in späteren Zeiten, als er seine eigenen Erfahrungen gemacht hatte und sich das eine oder andere moralisch blaue Auge holte, fanden sie zueinander.
Daraus wuchs eine sehr gute, für Vater und Sohn ungewöhnliche Freundschaft.
In den letzten Jahren im Leben seines Vaters besprach Mike viel Vertrauliches mit ihm, und als sein tragische Tod eintrat, er starb, von niemandem vorher geahnt, innerhalb von drei Tagen an den Folgen eines Kehlkopfkrebses, blieb Mike Tag und Nacht an seiner Seite im Krankenhaus.
Da er an die Verbindung zu Personen nach dem Tode glaubte, sprach er häufig mit seinem Vater und bat ihn auch ab und zu um seinen Schutz.
Jetzt, nach den quälenden Nächten mit Halsschmerzen, hatte er einen Traum, aus dem er schweißnass erwachte. Es war so plastisch vor seinen Augen, dass er am ganzen Körper eine Gänsehaut verspürte.
In diesem Traum hatte er seinen Vater gesehen, und dieser redete auf Faruk ein. Er sagte zu ihm: "Ich beschütze mein Kind, ich warne euch. Tut meinem Sohn nichts."
An Mike gewandt fuhr er fort: "Ich lasse nicht zu, dass Dir etwas passiert, hüte Dich vor diesen Menschen."
Das Ganze wiederholte sich mehrmals, bis Mike erwachte. Instinktiv erzählte er nichts von seinem nächtlichen Erlebnis. Er verhielt sich jedoch zusehend wachsamer.

Unabhängig von diesen Begebenheiten fuhr der Deutsche mit Faruk zu dessen Freunden. Sie setzten sich in der Umbebung in die kleinen Cafés, rauchten Shisha und holten ab und an mittags die zukünftige Frau von Faruk in der Schule ab.

Tunesische Frauen heiraten meistens sehr früh. Mit 23 Jahren gehören sie fast zu den alten Jungfern und sind dann häufig dazu verdammt, die Kinder ihrer Brüder zu hüten.
An anderen Tagen trafen sie sich privat mit Polizisten vom Römerdamm, und Faruk gab sich größte Mühe, Mike als seinen Freund darzustellen, welcher in seinem Land leben wollte und eventuell, was für ihn absolut außer Frage stand, auch die Religion annehmen würde.
Er hatte ihn bei der Polizeistation in Zarzis-Suhiel angemeldet, seinen Pass und ein Photo hinterlegt und ihn als seinen Gast eintragen lassen.
Das zu deklarierende Geld hatte er aber auch hier nicht angegeben.
Er machte Mike den Vorschlag, ihm den restlichen Geldbetrag anzuvertrauen. Er würde es in Libyen umtauschen und für ihn verwalten. Das war strafbar. Mike hatte aber aus den vielen Erkenntnissen der letzten Jahre eine leicht fatalistische Einstellung bekommen und protestierte nur schwach, zumal er nicht wusste, wie er sich verhalten sollte.
Dem wachsenden Misstrauen, das er für Faruk hegte, stand der Wunsch gegenüber, in dem für ihn so faszinierenden Land Fuß zu fassen. So überließ er ihm auch sein restliches Geld und hoffte, dass seine Entscheidung richtig wäre.

Wenige Tage später holte Faruk ihn mit strahlendem Lachen ab und rief: "Mike, wir haben es geschafft, du wirst sehen, bald hast du dein Haus und dein Geschäft. Ich will der große Kopf hier werden. Es gibt nur drei Köpfe hier, ich werde der Neue sein."
Mike fragte ihn nach der Bedeutung dieser Aussage, und er antwortete ihm: "Es gibt gute und es gibt schlechte Menschen in Tunesien. Ich bin bei den Guten. Wir wollen uns gegenseitig helfen. Wir haben eine Organisation. Ich zeige dir alles. Du

darfst nur nicht fragen und darüber sprechen."
Während ihrer verschiedenen Autofahrten bemerkte Mike in dem Wagen dort, wo eigentlich das Radio sitzen sollte, einen kleinen, viereckigen Einbau, welcher weißlich-grün aufleuchtete.
Von diesem Einbau kamen unregelmäßig Signale und Anweisungen. Wenn das Viereck aufleuchtete, wurde Faruk nervös und lauschte dem Gesagten. Nach jeder Sendung hörte man entweder ein Lied aus dem Koran mit dem Text "Hadra, Hadra" oder, bei einer negativen Meldung, das Ende mit "Mushbehi", also heilig, heilig oder SCHLECHT.
Auf die gestellten Fragen antwortete Faruk ganz locker: "Das ist eine Art Radarfunk nur für mich und meine Freunde.". Mike solle sich keine Gedanken machen. Er würde alles bald erfahren.

Für diesen überschlugen sich von dem Zeitpunkt an die Ereignisse.
Sein Freund Paul hatte angekündigt, seinen Urlaub in Tunesien zu verbringen. Gleichzeitig wollte er sich um sein Schiffsprojekt kümmern und bat darum, im gleichen Haus wie er wohnen zu dürfen.
Mike sagte zu, und Paul plante, 10 Tage später einzutreffen.
Im gleichen Zeitraum fuhr Faruk mit ihm ein weiteres Mal nach Midoun. Sie besuchten erneut Mustafa, der den Eindruck machte, als wolle er Mike dringend etwas mitteilen.
Der verstand die Signale und deutete an, dass er sich melden würde und allein, wenn es sich ergeben würde, zurückkäme. Es wurde noch ein wenig Belangloses geredet, dann fuhren die beiden weiter zu dem dort ansässigen Polizeipräsidium. Hier arbeitete Adel, ein Freund von Faruk.
Adel trat Mike freundlich und offen entgegen. Für einen Tunesier war er groß, eher blond und wirkte wie ein Europäer.

Faruk schien ihm Instruktionen zu erteilen. Adel hörte aufmerksam zu und stellte einige Fragen, deren Hintergrund Mike jedoch verborgen blieb.
Während des Gespräches schlenderten sie gemeinsam durch den Ort. Später, in einer kleinen Bar, tranken sie noch einen Kaffee, dann verabschiedeten sie sich von ihm und fuhren zurück in Richtung Zarzis.

*

Die morgendlichen Frühstücksrituale behielten sie bei. Faruk kam mit Brot, und sein Freund bereitete den Tee zu.
Zusammen fuhren sie in die mittlerweile eröffneten Geschäfte und sahen nach dem Rechten. Sie hatten junge Männer eingestellt, die sich um das Einrichten, Dekorieren und den Verkauf kümmerten.
Da diese eher ein Taschengeld und entsprechende Verpflegung als Lohn bekamen, war das kein großer Kostenfaktor. In Tunesien gab es einfach andere Verhältnisse.
Außerdem arbeiteten zwei jüngere Brüder von Faruk mit, auch deshalb, um auf die Geschäfte in seiner Abwesenheit aufzupassen.
Bei seinem telefonischen Avis hatte Paul sich natürlich bei Mike erkundigt, ob alles nach Plan laufe, und dieser hatte vage angedeutet, dass einige Dinge nicht stimmen würden.
Da Paul unvoreingenommen war, versuchte er, ihn dazu zu überreden, "klare Verhältnisse" zu schaffen, damit er nicht sein Geld gefährde. Wenige Tage vor dessen Ankunft hatte sich etwas ereignet, was Mike wirklich in Angst versetzte.
Sie waren nachmittags zu einem Geschäftskollegen gefahren, und die Verkäufer, irgendwie alle miteinander verwandt, boten Tee an. Er wusste mittlerweile um die Vorsicht, bei Fremden

nichts anzunehmen. Er wähnte sich aber gut aufgehoben, und so folgte er der Einladung und trank ein Glas.
Er hatte ebenfalls gesehen, dass Faruk den Tee ablehnte, dies aber als wirkliches "Nichtwollen" interpretiert. Die Stimmung war aufgelockert, es wurden kleine Geschichten erzählt und Mike natürlich gefragt, wie er sich bei den Arabern fühle. Er bestätigte sein Wohlbefinden, seine eigenen geschäftlichen Bereiche sprach er jedoch nicht an, obwohl sich die Neugier der anderen darauf bezog.
Lange nachdem sie das Geschäft verlassen hatten, Mike war zurück in seinem Haus, bekam er gegen Abend Nasenbluten. Nur einmal in seinem Leben hatte er eine blutende Nase gehabt, als ihm ein Randalier in einem Vorstadtkino diese mit der Faust bearbeitete.
Zunächst dachte er sich nicht viel dabei. Als nach zwei Stunden abermals ein Blutbach aus seiner Nase lief, wurde er nervös. Zufällig besuchte ihn Foussi, der Schiffspartner von Paul, und Mike bat ihn, mit ihm einem Arzt aufzusuchen.
Auf halber Strecke in Richtung Stadt kam ihnen Faruk entgegen und stoppte sofort den Wagen. "Wohin wollt ihr?", fragte er die beiden. "Zu einem Arzt, Mike hat Nasenbluten und es hört nicht mehr auf", antwortete Foussi, selbst ein wenig blass. Er schien panische Angst vor MicMac zu haben und hatte ihn schon einmal gewarnt. Auch vor Faruk. Er hatte es jedoch mit der rivalisierenden Eifersucht der Familien untereinander abgetan.
Jetzt fuhren sie gemeinsam zu einem Arzt, dessen Praxis direkt am Zentrumsanfang lag. Dieser hatte jahrelang in Frankreich gelebt und auch dort praktiziert und war deshalb für Mike akzeptabel.
Er untersuchte ihn jetzt freundlich distanziert, stellte ihm die verschiedensten Fragen über Essgewohnheiten, Krankheiten und ähnliches und wandte sich dann sehr ernst Faruk zu. Mike

folgerte aus dem Gespräch, dass der Arzt ihm Vorwürfe machte und ihn aufforderte, besser auf seinen Gast aufzupassen.
Er erhielt von ihm Immuntabletten, welche Mike vier Tage lang einnehmen sollte.
Auf der Rückfahrt druckste Faruk damit herum, dass sein Freund möglicherweise vergifteten Tee getrunken hätte.
Dort, wo er den suspekten Tee bekommen habe, wären große Eifersuchtsgespräche entstanden. Es ging um das Geld des Deutschen.
Dies basierte natürlich alles nur auf Vermutungen der Neider. Da Mike jedoch schon länger als jeder andere Urlauber im Land verweilte und Faruk, nachdem er das restliche Geld in seinen Händen hatte, bei seinem Arbeitgeber kündigte, entstanden wilde Spekulationen darüber, wie viel Geld Faruk wohl im Gesamten zur Verfügung hätte.
Mike war sich keiner Schuld bewusst, da er nie alleine mit fremden Leuten sprach und faktisch auch niemals alleine fort ging. So wurde das Thema Nasenbluten zunächst vergessen. Allerdings bemerkte er, dass Faruk ihn unter Beobachtung nahm. In verschiedenen Situationen stellte er solche Anzeichen fest.

*

Es war ein strahlend schöner Morgen, als er von dem obligatorischen "iiiaah, iiiiaah" des Esels geweckt wurde. Der Himmel spiegelte ein klares, schwarzes Blau. Das Meer rauschte ganz leise, und die Luft versprach einen heißen Tag. Als Faruk in der Frühe ins Haus kam, um ihn abzuholen, bat Mike darum, diesen Tag für ein Sonnenbad zu nutzen. Faruk fuhr ein wenig widerstrebend alleine in die Geschäfte.

Mike legte sich auf einen weißen Plastikliegestuhl. Er genoss das Sonnenlicht und die Ruhe, nur unterbrochen von den schlagenden Wellen des Meeres und dem Tuckern eines ab und zu vorbei fahrenden Schifferbootes. In der Nähe dudelte ein Kofferradio orientalische Musik, Kinder schrieen beim Spiel, und leise knatternd fuhren Mopeds über die weit entfernte Straße.

Erst am späteren Nachmittag zogen Wolken auf, und er beschloss, in das Zentrum von Zarzis zu gehen und dort einen Kaffee zu trinken. Er ging den schmalen Weg von seinem Haus zur oberen Straße hinauf, die bekannte Route des Hotels, welche Zarzis mit dem Römerdamm und so mit der Insel Djerba verband. Im Vorbeigehen wurde er von einem Fremden angesprochen. "Salam, hi nimschi?", fragte er. Es hieß soviel wie "guten Tag, was machst du, wo willst du hin?".

Mike grüßte, gab aber keine Erklärungen ab und ging weiter. An der Straße hielt sofort ein gerade vorbei fahrendes Taxi an, und er brachte seinen Wunsch vor, nach Zarzis fahren zu wollen.

Unverblümt fragte ihn der Fahrer, ob Faruk von seinem Ausflug wisse. Er verneinte leicht empört und erklärte, er brauche keinen Babysitter. Nicht ganz zwei Stunden später traf Faruk exakt in dem Café ein, in welches er sich gesetzt hatte. Er war freundlich, fragte, warum er das Haus verlassen habe und schlug vor, zu Aisha zu gehen.

Eher lustlos willigte Mike ein, denn die Besuche bei Aisha entwickelten sich für ihn langsam zu einer persönlichen Bedrohung.

Er fühlte sich einerseits der ganzen Situation gewachsen. Er sah immer noch eher amüsiert zu, welchen Aufwand Faruk betrieb, um ihn zu säubern, wie er es nannte, oder ihn von bösen Flüchen, welche andere Neider zu im schickten, zu befreien.

Auf der anderen Seite konnte er nicht richtig begreifen, was man von ihm wollte. Sein Geld hatte Faruk erhalten. Mike war beliebt bei den Einwohnern und wirkte mit seinen gelockten, braunen Haaren und dem mittlerweile tiefbraunen Teint fast selbst wie ein Berber. Auch seine Kleidung hatte er den Einheimischen angepasst.
Nervös machte ihn, dass er wirklich keinen Schritt mehr alleine unternehmen konnte. In seinem Haus gab es kein Telefon, wenn er eine öffentliche Zelle aufsuchen wollte, vertröstete Faruk ihn, dies zu einem späteren Zeitpunkt zu erledigen, oder Mike hatte gerade nicht genügend Münzen dabei. Für Deutschland brauchte man mindestens drei Dinar, also eine ganze Hand voller 100-Millim-Münzen.
Mike wollte sein Misstrauen auch nicht so sichtbar machen, sondern war eher in dieser abwartenden Stellung, was als Nächstes passieren würde. So fuhren sie, wie schon so oft, zu Aisha. Diese befragte Faruk, und Mike konnte aus dem Gespräch sinngemäß heraus hören, dass er einen Tee gegen böse Geister bekommen sollte. Ebenfalls eine rituelle Reinigung.
Aisha entfachte ein Feuer, holte aus verschiedenen Kästchen Kräuter, Wurzeln und eine Art Weihrauch und warf alles in die Glut. Mike musste sich, wie schon vorher so oft, in den entstehenden Rauch stellen. Wenn dieser weißlich blieb, wurde er für rein befunden, veränderte sich der Rauch dunkel bis schwarz, hatte Mike wieder einen bösen Fluch bekommen. Das hatten sie in der Vergangenheit so praktiziert, und darüber musste er innerlich lachen.
Dieses Mal war der Rauch rabenschwarz und ein wildes Reden und Gestikulieren begann. Abrupt drehte sich Faruk zu ihm: "Wir werden heute Abend ein Hadra besuchen. Der Ort ist noch geheim, wir treffen uns mit ein paar Leuten, die kennen den Weg."

*

Ein Hadra gab es in einer offiziellen und in einer geheimen Version.
Bei der offiziellen tanzen sich Menschen in fröhlicher Runde in Ekstase. An Freitagen, welche unseren Sonntagen entsprechen, wurden ab und zu solche Veranstaltungen auch im Fernsehen übertragen.
Diese Versammlung, da war er ganz sicher, wurde ein geheimes Treffen mit unerlaubten Ritualen. Mike wurde sehr neugierig. Aisha lief aufgeregt hin und her, suchte eine Arba, einen arabischen Mantel, welcher aus filzähnlichem Stoff hergestellt wurde, im Winter wärmte und im Sommer die starke Hitze abhielt.
Sie überreichte ihm den Umhang und forderte ihn auf, diesen über seine Kleidung zu ziehen. Dazu gab es, abenteuerlich aussehend, einen Fez als Kopfbedeckung.
Faruk vermummte sich in ähnlicher Weise. Ddd...t weilte währenddessen in einem etwa hundert Meter abseits gelegenen Haus, welches einem großen, kräftigen Schwarzen gehörte. Dieser kannte auch den Platz, an dem das "schwarze" Hadra stattfinden sollte.
Eine Stunde verging, als eine Gruppe Gestalten das Haus von Aisha betrat. Mike machte drei schwarze Frauen, zwei Berber und den riesigen Schwarzen, ebenfalls vermummt, gefolgt von Ddd...t, aus.
Der Schwarze ging geradewegs auf Faruk zu, redete wild, jedoch leise auf ihn ein und zeigte mehrmals auf dessen Gast. Dann wandte er sich diesem zu und sagte mit tiefem Bariton: "Inter Hadra, behi, nimschu ve Suhiel." (Du bist rein, gut, gehen wir nach Souhiel).
Souhiel hieß der touristische Vorort von Zarzis, direkt an der Route des Hotels gelegen und auch der Ort, in dem Faruk mit seiner Familie lebte.
Die Gruppe verteilte sich wortlos in zwei vor dem Haus

geparkte Autos, denen Faruk und Mike separat mit ihrem Wagen folgten.
Unterwegs bedeutete Faruk Mike, er solle sich absolut ruhig verhalten, nicht sein Gesicht sehen lassen und auf keinen Fall sprechen. Kein Ausländer würde je zu so einer Veranstaltung mitgenommen. Er habe für ihn die besondere Erlaubnis des Priesters, nämlich des großen Schwarzen, und dieser wolle Mike dazu verhelfen, eine ganz große Kraft zu bekommen, damit das mit ihm angestellte MicMac keinen Schaden mehr anrichten könne.
Dieser lachte nur und fragte, wie MicMac sich bei ihm zeigen würde.
"Du weißt, was dir mit dem Nasenbluten passiert ist? Du hast Glück gehabt, dass du nicht gestorben bist. In dem Tee war ein Pilz, der deine Blutgerinnung aufhebt. Dadurch kannst du innerlich verbluten und keiner weiß, warum du stirbst. Es gibt auch heute noch genügend Alte, welche in der Lage sind, mit einem besprochenen Papier, in der Nähe deines Hauses unter einen Stein gelegt, großen Schaden anzurichten."
Dann sprach er davon, dass vor ihren Geschäften Steine in spezieller Anordnung gelegen und am Morgen alle Mitarbeiter starke Magenschmerzen bekommen hätten. Kunden besuchten an diesem Tag das Geschäft auch nicht, und zuletzt hätte sich aus der Decke eine Lampe gelöst und wäre Mouldi, einem der Verkäufer, auf den Kopf gefallen.
Er erzählte weiter, und Mike hörte teils belustigt, teils verstört zu.
"Hüte dich davor, dass dir jemand ein von dir getragenes Kleidungsstück entwendet. Es wird mit Kräutern getränkt, besprochen und dann vergraben. Es gibt Menschen, welche von heute auf morgen unheilbar krank wurden und denen keiner helfen konnte, weil kein Arzt wusste, was ihnen fehlt."
"Warum sollte mir jemand etwas antun?", fragte Mike.

"Ganz einfach, du hast mir mit Geld geholfen, dadurch werde ich stark. Das wollen andere verhindern. Wenn du nicht mehr in Tunesien bist, haben sie gewonnen. Ich will aber nicht, dass du fort gehst. Ich brauche deine Seele, um noch mehr Kraft zu bekommen."
"Meine Seele?", fragte Mike. "Was ist mit meiner Seele?"
"Ich habe dir gesagt, dass einige Priester dich für einen ganz besonderen Menschen halten, der sauber ist. Diese saubere Seele brauche ich, um groß zu werden. Ich kann diese Kraft auf mich lenken, und dann werde ich der
'große Kopf' von Zarzis sein.".
Das hatte Faruk schon mehrere Male angedeutet, jedoch, genau wie jetzt, keine präzise Erklärung abgegeben. Mike stellte Überlegungen an, ihn für verrückt zu halten, blieb aber äußerlich gelassen und tat, als wäre alles Gesagte ganz normal.
Mittlerweile waren sie eine kleine Anhöhe hinauf gefahren und hielten auf halbem Berg an. Faruk ermahnte den Deutschen noch einmal, nichts zu sprechen außer einem leisen "Spalachir und Salam" (Guten Abend, seid gegrüßt).
Sie traten in einen dunklen Raum, welcher schon mit etwa 20 Personen gefüllt war. Der Schwarze war vor ihnen eingetreten und wurde ehrfürchtig, teilweise mit Kuss auf dessen Hände, begrüßt.
Mike hielt sich dicht hinter Faruk und suchte in einer Ecke des Raumes Schutz vor neugierigen Blicken.
Nachdem noch weitere Gäste eingetroffen waren, gesellte sich eine Gruppe mit weißen Pluderhosen, roten Westen und roten Fezen bekleideter Männer dazu. Sie hatten alle eine traditionelle Tam-Tam-Trommel in der Hand.
Sie bildeten einen Kreis, und einer dieser Männer trat vor und begann mit leisen, abgehackten Schlägen, seine Trommel zu bearbeiten. Der Rhythmus wurde schneller und schneller, und

die anderen Trommler fielen darin ein.
Erste wiegende Bewegungen zogen sich durch die Ansammlung. Ein Trommler verfiel in einen Singsang, ständig lauter und lauter werdend. Eine Frau stellte sich in den Kreis und wiegte sich in den Hüften. Dann fing sie an, sich zu drehen, schneller und schneller, wechselnd in ein Springen und Stampfen. Die Menge ließ ein "OHOHOHOHOH" in gleichmäßigen Intervallen hören, und plötzlich fiel die Frau zu Boden und rührte sich nicht mehr.
Sie wurde umgehend und fürsorglich zur Seite gelegt und durch einen anderen, diesmal männlichen Tänzer, ersetzt. Er drehte sich wie ein Derwisch um sich selbst, bis auch er hinfiel und liegen blieb.
Mike verspürte eine nie gekannte Erregung in sich. Die Trommeln dröhnten in seinem Bauch, die Stimmen ließen auch ihn fast in Trance fallen, und er schaute verstohlen wiederholt zu Faruk. Dieser wirkte in der ganzen Runde sehr abgeklärt und über den Dingen stehend. Es sah eher so aus, als wolle er die Menschen prüfen und beurteilen. Nur in seinen Augen glomm ein dunkles, fanatisches Feuer.
Die Veranstaltung hatte etwas mehr als eine Stunde gedauert. Jetzt war schlagartig alles vorbei, und jeder verabschiedete sich, teilweise leicht verlegen, voneinander. Faruk zog seinen Freund schnell hinaus auf die Straße, und sie fuhren zu seinem elterlichen Haus.
Sein Vater, ein kleiner Postbeamter, war schon vor Jahren verstorben, und Faruk lebte mit seinen drei Brüdern, Abbes, Jussuf und Fachat und seiner ältlichen Schwester gemeinsam mit ihrer Mutter, in einem großen L-förmigen Haus mitten in Suhiel.
Mike kannte die Familie schon. Er war abends öfter zum Tee eingeladen worden. Alle wussten um die Hilfe, die er Faruk angedeihen ließ und schienen deshalb manchmal übertrieben

freundlich zu ihm.
Er mochte die Mutter nicht besonders. Sie sah ihn jedes Mal versteckt von der Seite an, bleckte aber sofort die Zähne zu einem verkrampften Lächeln, wenn er zu ihr herüber blickte.
An diesem Abend hatte sie schon einen Tee vorbereitet, und Faruk wollte ein Glas entgegennehmen. Sie wehrte ihn mit einer heftigen Handbewegung ab und reichte Mike das Glas, wartete, dass er es leer trank.
Dieser schaute verdutzt. Faruk als der Älteste war auch gleichzeitig der Hausherr. Ihm wurde auf jeden Fall zuerst Tee gereicht. Unsicher trank Mike. Nachdem er das Glas geleert hatte, schüttete die Alte den ganzen Tee fort und bereitete in einem anderen Kessel einen weiteren Aufguss vor.
Faruk blickte fragend zu seiner Mutter, reagierte dann schnell, indem er sagte: "Es war der letzte Tee, du solltest noch ein Glas probieren und meiner Mutter sagen, ob er dir geschmeckt hat."
"Behi, behi", antwortete dieser pflichtbewusst.
Dem anschließenden Gespräch konnte er nur schwer folgen. Offensichtlich benutzten Mutter und Sohn einen speziellen Dialekt, den Mike nicht verstand. Nur einige häufig wiederkehrende Brocken pickte er auf. Hadra, Mushbehi, Alman und MicMac.
Auf sein Nachfragen bekam Mike als Antwort: "Die Menschen sind schlecht. Wir werden sie bestrafen, indem wir auch gegen sie MicMac anwenden. Dann sind sie stark geschädigt und werden dich und mich in Ruhe lassen. Wir werden morgen nach Sidi Sahjar fahren und um seine Hilfe bitten.". Sidi Sahjar war der Familienheilige oder der Schutzpatron von Souhiel. Genau hatte Mike das nicht verstanden. Er wusste nur, dass dieses Grabmal an der Grenze zu Libyen, in der Nähe der Stadt Ben Gardane, lag.
In der Frühe des Morgens machte sich die ganze Familie ein-

schließlich einer älteren, schon verheirateten Schwester, mitsamt der Großmutter von Faruk auf den Weg zum Grab.
Für ihn war es ein Erlebnis, erstmalig ein Heiligtum der Berber betreten zu dürfen und die für ihn ganz andere Religion aus nächster Nähe zu spüren.
Die Muslime sprechen nicht unbedingt mit Nichtgläubigen über ihre Empfindungen.

Nach Verlassen des Ortskerns dauerte die weitere Fahrt ungefähr eine Stunde und führte an einem mit Schilf gesäumten Gewässer vorbei. Plötzlich erhob sich links von der Straße ein Schießstand. Hier hielten zwei Grenzposten Wache und ließen die Pilger freundlich winkend durch.
Als sie wenig später das Heiligtum erreichten, gingen sie durch ein großes, ringsum von einer hohen Mauer gerahmtes Eingangsportal in eine riesige, parkähnliche Anlage. Zunächst schritten alle wie in einer Prozession den äußeren Weg einmal in der Runde ab.
Dann teilten sich Männer und Frauen. Die Frauen verschwanden in einem Gebäude und zündeten schon im Hineingehen Kerzen an.
Die Männer schlugen einen anderen, inneren Weg ein und kamen ebenfalls zu einem Gebäude, welches wie eine kleine Moschee wirkte.
Im Inneren erblickte man sehr alte, verschlissene Teppiche, die an den Wänden hingen und eine Art Opferstein mitten im Raum. Gemeinsam mit Mike zogen sie die Schuhe aus und wanderten ehrfürchtig umher.
Nach 10-minütigem Aufenthalt kehrte die Gruppe der Männer wieder in Richtung des Gebäudes zurück, in dem die Frauen verschwunden waren.
Kaum angekommen, eilte ihnen schon Faruks Mutter entgegen. Sie redete auf ihn ein, deutete auf Mike, und Faruk nahm

ihn bei den Armen und zog ihn, auf ihn einredend, in Richtung Eingang: "Drinnen sitzt eine Seherin, sie will dir die Hände lesen.".
Auch hier willigte Mike leicht amüsiert ein. Er folgte ihm in das kühle Innere und ging respektvoll auf die am Boden kauernde, verhüllte Frau zu.
Er konnte ihr Gesicht nicht sehen, nur die sehnigen, schlanken Hände, welche nach ihm griffen und ihn sofort an den Gelenken festhielten. Sie drehte und wendete seine Hände, fuhr mit ihren Fingern die Innenflächen nach, murmelte vor sich hin und ließ ihn plötzlich los.
Dann verbeugte sie sich vor Mike, versuchte, ihm die Hand zu küssen, was er mit einer schnellen Drehung nicht zuließ.
Wieder draußen, blickte Faruk ihn mit einem Ausdruck der Erfurcht und Wärme an, wie Mike es noch nie vorher verspürt hatte.
"Ich wusste, du bist etwas ganz Besonderes. Du bist Hadra, wirklich Hadra. Die Seherin hat es gerade wieder gesagt. Du hast die Kraft, gegen Böses zu kämpfen. Wir werden siegen."
Mike ließ die Aussage so stehen, ohne weiteren Kommentar.

Auf dem Weg zurück zum Wagen krabbelte ihm ein schwarzer Skorpion entgegen. Er erschrak sich, denn diese Sorte war eine der giftigsten. Der Skorpion verharrte wenige Zentimeter vor seinen Füßen und drehte, wie nach einem Zögern, ab. Jetzt glaubte Mike fast selbst an eine Besonderheit, welche von ihm ausging. Die anderen hatten die Situation ebenfalls gesehen und redeten wild aufeinander ein.
Am Abend in Aishas Haus erzählte Faruk lang und breit, was sich ereignet hatte. Mit "Ahhs" und Zungenschnalzen wurden seine Ausführungen kommentiert. Mike fragte nach der Gesundheit des Hausherrn, da er ja als krank und leidend von Faruk geschildert wurde. Ddd...t sah ihn mit seinen magneti-

schen Augen an und wiegte den Kopf. Dann, zu Faruk gewandt, redete er erklärend auf ihn ein. Dieser übersetzte: "Jeden Tag kommt die Kraft zu mir zurück. Ganz langsam, aber ich kann sie spüren. Wenn es soweit ist, werde ich Großes vollbringen."
Währenddessen hatte Aisha schon die Vorbereitungen für die tägliche "Reinigungszeremonie" erledigt.
Die Fertigkeiten von Aisha erstreckten sich auch auf Bleigießen, so wie es in Deutschland bei Silvester gemacht wurde. Aus den bizarren Formen gab sie vor, erkennen zu können, was geschehen war oder in der Zukunft passieren könnte. Faruk glaubte mit einer Überzeugung daran, die Mike schon unheimlich wurde. Dennoch hörte auch er mit Interesse zu und beteiligte sich an dem Humbug, auch mit Erstaunen feststellend, dass das eine oder andere von Aisha Gedeutete sich in seiner Vergangenheit so ereignet hatte, ohne dass jemand Kenntnisse davon haben konnte. Wenig später verabschiedeten sie sich und Mike blieb auf der Fahrt zu seinem Haus sehr nachdenklich.

Als er sich in dieser Nacht zum Schlafen legte beschloss er, den kleinen Teppich, welcher vor seinem Bett als Läufer lag und den er von Aisha als Gastgeschenk erhalten hatte, zu entfernen. Seine Schluckbeschwerden und der eigenartige Druck auf seiner Brust wurden von ihm nicht mehr als Erkältung angesehen. Vielmehr hatte er den Verdacht, dass diese Beschwerden mit dem Teppich zusammenhingen.
Die Situation, in der sich Mike befand, hätte jeden anderen den Aufenthalt in Tunesien abbrechen lassen.
Er jedoch, die Bedrohung spürend, konnte nach wie vor nicht lokalisieren, wie stark diese mit seiner Person zu tun hatte.
Im Gegenteil, er fühlte eine gewisse Sicherheit, ihn kannten doch so viele Menschen, die nach ihm fragen würden, wenn er

verschwunden wäre.
Auch ließ ihn die Neugier nicht los. Er wollte wissen, welches Resultat die ganzen Spielchen erzielen sollten.

*

Nun war Mitte April. Das Aid-Fest, ein Dank- und Versöhnungsfest (ähnlich wie Byram bei den Türken), hatte begonnen, und Faruk kümmerte sich um das traditionelle Lamm, welches mit Freunden und Verwandten geteilt wurde.
Parallel dazu kamen Tausende von Juden nach Djerba, um ebenfalls irgendein Fest zu feiern. Sie hatten hier eine der ältesten Synagogen stehen, und deshalb wimmelte es von Sicherheitsbeamten vor jedem Hotel und in jeder Geschäftsstraße.
Die Beamten wurden teilweise direkt aus Tunis beordert und fühlten sich im Süden ähnlich fremd wie die Touristen.
Zwei davon hatte Mike im Geschäft kennen gelernt. Fathi war hager und groß, mit wachen Augen und dem sichernden Blick eines Polizisten. Karim dagegen untersetzt, mit dem treuen Ausdruck eines Bauern, optisch eher in den südlichen Teil des Landes passend.

Nachmittags gab es für die beiden regelmäßig zwei Freistunden, welche sie dazu nutzten, mit den Verkäufern und ebenso mit Mike ein wenig zu reden, Tee zu trinken und viele unterschiedliche Fragen zu stellen. Sie wollten auch wissen, wieso er als Deutscher hier in Tunesien leben wollte, waren erstaunt, dass er mittlerweile ganz gut arabisch konnte und fragten, ob die Umsätze mit den Touristen zufriedenstellend seien.
Während Mike häufig mit ihnen lachte und Witze machte, verhielt sich Faruk eigenartig reserviert. Schlimmer noch, er

wurde jedes Mal bleich im Gesicht, und Mike stellte fest, dass er erleichtert war, wenn die Beamten wieder gingen.

Vor Tagen hatte Mike angedeutet, dass er für zwei Wochen zurück nach Deutschland fliegen wolle, um einige nachträgliche Regelungen zu treffen, und Faruk hatte ihn gebeten, für seinen Freund Ddd...t eine Angelrute und für die Geschäfte fein abgestimmte digitale Goldwaagen zu besorgen.
Anfang, Mitte Mai wollte er fliegen.
Da er sich mit den Polizisten so gut verstand, hatte er vereinbart, sich nach seiner Rückkehr mit ihnen in Tunis zu einem lustigen Abend zu treffen.
Mike schrieb sich die Telefonnummern und die Anschrift der beiden auf und versprach, sich sofort zu melden.

Am Nachmittag des nächsten Tages holten Faruk und er Paul vom Flughafen ab.
Dieser war gut gelaunt und freute sich, Sonne und Freizeit genießen zu können. Sie fuhren über die Route des Hotels ohne Zwischenstop zum Haus.
Paul war begeistert über die Lage seines Urlaubsplatzes und richtete sich schnell wohnlich ein.
Im Salon gab es einen Schrank mit einem eigens dafür eingebauten, separaten Fach, welches man abschließen konnte, um Geld, Schmuck und Papiere unterzubringen.
Dieses Fach nutzten Mike und Paul nun gemeinsam.
Zwei Tage später hatten die beiden ein Gespräch über Mikes Absicherung in Bezug auf Geld und Geschäft.
"Du musst dich hier durchsetzen und dich selbst um deine Sicherheit kümmern", sagte Paul. "Geh zu Mustafa, rede mit ihm und verlange, dass du deine Eintragung als Mitinhaber bekommst. Wenn du nach Deutschland fliegst, bringst du die Kopie deines Darlehnvertrages, den du mit Faruk abgeschlos-

sen hast, mit, zeige allen maßgeblichen Stellen diesen Vertrag, dann bist du sicher, dass Faruk dich nicht betrügen kann.".
Instinktiv hatte Faruk Mike häufig wiederholend beschworen, Paul nicht in ihre Geschäfte und schon gar nicht in die MicMac-Geschichte einzuweihen.
Paul sei schon bei seinem letzten Urlaub in Tunesien mit MicMac belegt worden. Wörtlich sagte er:
"Paul wurde mit besprochenem Essen blind gemacht. Er kann die Wahrheit nicht mehr erkennen. Er wird all sein Geld, das er in den Schiffsbau gesteckt hat, verlieren. Er kann nur noch das sehen, was er sehen will, ist aber nicht in der Lage, rational zu denken. Außerdem wird er Schmerzen bekommen, damit er schnell wieder geht."
Ungläubig hörte er sich diese Geschichte an und brachte sie selbstverständlich jetzt auch bei Paul zur Sprache. Dieser lachte nur und war dermaßen ohne Misstrauen, dass Mike wirklich glaubte, er habe den Fluch des MicMac schon über sich.

Angestachelt von Pauls Unbedarftheit fing er nun an, all seine bis jetzt erlebten Geschichten zu erzählen.
Paul erklärte jedoch vieles mit Brauch und Zufall und forderte ihn nur auf, sich nicht so oft mit Faruk zu dieser Aisha zu begeben. In dem Zwiespalt von Pauls vermeintlicher Naivität und dem Verbot Faruks, mit Paul über sein Erlebtes zu sprechen, hielt er sich mit weiteren Informationen zurück.

Wie gewohnt kam Faruk am Morgen zum Frühstück, die Stangen Brot unter dem Arm, aß jedoch nicht mehr mit den beiden, sondern wartete, bis Mike gefrühstückt hatte und drängte dann darauf, das Haus schnell zu verlassen.
Während sie zu ihren Geschäften nach Djerba fuhren, kümmerte sich Paul um sein Boot, welches im Hafen von Zarzis

lag und bis zum jetzigen Zeitpunkt noch nicht seine Schiffstüchtigkeit erlangt hatte. Er war unzufrieden mit dem langsamen Vorankommen, denn die Saison stand vor der Tür, und er wollte natürlich davon profitieren.

Das Schiff konnte bis zu dreißig Personen aufnehmen und wurde dafür genutzt, dass Touristen einen Tag lang eine Abenteuerfahrt zu den Schwammbänken machen, den Tauchern bei der Arbeit zusehen konnten und mit einem typisch tunesischen Essen verwöhnt wurden.

Wenn alles gut lief, konnte die Crew, ein Schwarzer mit stämmigem, muskulösem Körper, der gleichzeitig als Steuermann und Taucher fungierte, und ein jüngerer Bruder von Foussi, dem man offiziell einen "Dachschaden" unterstellte und der für die Gäste den ganzen Tag den Kaspar machte, das Schiff dreimal die Woche auslaufen lassen.

Ebenfalls gab es eine Art Koch, welcher sich abmühte, die zur Verfügung stehende Nahrung halbwegs essbar zu servieren.

Standen die Sterne gut, lief die gleiche Mannschaft einen Tag vorher den Strand entlang und motivierte geschickt die Urlauber, an so einer abenteuerlichen Bootsfahrt für 20 Dinar teilzunehmen.

Da es den meisten Sonnenanbetern ohnehin zu langweilig war, kamen durchweg 15 bis 20 Urlauber zusammen. Der Kostenaufwand für Mannschaft, Schiff und Essen lag umgerechnet bei 10 Dinar pro Person, so dass ein guter Schnitt übrig blieb.

Leider arbeiteten die Tunesier nach dem Motto "Beschwi, beschwi", also langsam, ruhig. Das nervte Paul sehr, denn er hatte mittlerweile einen Betrag von 18.000€ investiert und wollte diesen bald rentabel zurück.

Paul wohnte zwar mit in Mikes Haus, durch die unterschiedlichen Interessen sahen sie sich jedoch selten. Ihre gegensätzlichen Auffassungen vom Umgang mit den Berbern, Mike war eher abwartend und vorsichtig, während Paul sehr direkt und teilweise befehlend agierte, führte dazu, dass einer dem anderen kaum noch seine Erlebnisse erzählte. Er rutschte so in eine Isolation, die sich später erschwerend auf die weiteren Geschehnisse auswirken sollte.

Einen Tag vor seiner Abreise nach Deutschland beschloss Mike, Mustafa, den Grund- und Hausverwalter ihrer Geschäfte, aufzusuchen und ihn zu befragen, welche Vorgehensweise die bessere sei, um Faruk davon zu überzeugen, dass er auf seine Sicherheitseintragungen bestehen müsse.

Damit dieser nichts davon erfuhr, ging er frühzeitig um sechs Uhr morgens aus dem Haus, stellte sich an die Route des Hotels und wartete auf einen Bus, welcher ihn nach Djerba bringen würde.

Paul sollte bei Nachfragen von Faruk erklären, er habe alleine einen Ausflug gemacht.

Der Bus fuhr über den Damm direkt in Richtung Midoun, und gegen 9:30 Uhr war er auf dem Platz vor dem Telefonzellengebäude, welches Mustafa gehörte. Dort fragte Mike nach dessen Privathaus und machte sich dahin auf den Weg.

Versteckt hinter einem kleinen Hügel lag das große Anwesen und wirkte verlassen.

Alle Fensterläden waren geschlossen, und nachdem er laut an die Eingangstür geklopft hatte, glaubte er schon, niemand sei zu Hause.

Doch nach einigen Minuten hörte er ein Poltern im Inneren, und ein Fenster wurde geöffnet, Mustafa schaute auf den Hof und hieß Mike, als er diesen erkannte, freundlich willkommen.

Der war sich seines Vertrauensbruches gegenüber Faruk bewusst, entschuldigte den aber mit ebensolchen Versäum-

nissen von dessen Seite und begründete sich selbst, er habe ja schließlich sein ganzes Geld investiert.
Mustafa bat ihn ins Haus und bot Tee und Gebäck an. Sie redeten über Mikes Unsicherheiten, und Mustafa war ebenfalls der Meinung, Faruk müsse ihm die Sicherheit einer Eintragung auf die Geschäfte zugestehen.
Er bot an, die Übereignung und den Kauf nicht zu vollziehen, solange er in Deutschland sei und versicherte ihm, Faruk ins Gewissen zu reden, damit dieser Mikes Wunsch erfülle.
Er ließ jedoch erkennen, dass er sich ebenfalls vor Faruk fürchtete und sprach von der Macht einer Organisation, der er sich ebenso beugen müsse. Weitere Erklärungen gab er nicht ab, beschwichtigte Mike jedoch, dieser habe nichts zu befürchten und sei in guten Händen.
Auf dem Rückweg fuhr Mike mit einem Bus, welcher kurz vor dem Römerdamm in andere Richtung, hin zum Landesinneren, abbog. Also beschloss er, zu Fuß über den Damm zu gehen und eventuell in einem vorbeifahrenden Wagen als Anhalter mitzufahren.
Die Polizisten fragten erstaunt, weshalb er ohne Faruk am Damm wäre und ließen ihn zögernd passieren. Am Morgen hatte eine andere Schicht an der Grenze Dienst gehabt, und diesen Polizisten war er nicht aufgefallen.
Auf der Mitte des Dammes angekommen, hielt plötzlich ein Wagen neben ihm, und der Schwager von Faruk forderte Mike auf, in das Auto zu steigen.
Er war ein schmaler, kleiner Mann, der bei seiner Frau nichts zu sagen hatte und nur außerhalb ihres Dunstkreises ein wenig Selbstbewusstsein entwickelte. Jetzt fragte er sofort, wo Mike gewesen sei, Faruk suche ihn auf der ganzen Insel Djerba und habe alle Freunde aufgefordert, ebenfalls nach ihm Ausschau zu halten.

Der tat naiv und erzählte, er habe ein wenig in der Kreisstadt gebummelt, sich dort den Hafen angesehen und Kaffee getrunken.
Der Schwager fuhr nicht wie erwartet zu Mikes, sondern direkt zum Haus der Familie von Faruk. Dieser stand schon in der Haustür, erleichtert und mit fragendem Blick, wollte detailliert wissen, wo Mike gewesen war und was er angestellt habe.
An der Mimik Faruks erkannte er sofort, dass er seinen Erklärungen nicht glaubte, ihm war es aber zu diesem Zeitpunkt auch egal. Den Nachmittag verbrachten beide einsilbig miteinander, gingen zwar in eine Bar, tranken dort Kaffee und unterhielten sich mit Bekannten, sprachen den besagten Vormittag jedoch nicht mehr an.
Am nächsten Morgen packte er eine kleine Reisetasche, gab ein paar belanglose Instruktionen an Paul, ermahnte diesen jedoch, vorsichtig zu sein, nicht jeden ins Haus zu lassen und nicht alles zu essen, was er angeboten bekam. Vor allen Dingen sollte er in Mikes Abwesenheit dessen Zimmer mit seinen persönlichen Sachen für keinen anderen zugänglich machen.
Faruk holte ihn mit seinem Auto ab, fuhr ihn zum Flughafen und steckte ihm bei der Abreise zwei kleine Beutel mit muffig riechenden Kräutern zu und bestand darauf, diese in seinem Gepäck mit nach Deutschland zu nehmen. Sie sollten ihn, wieder einmal, vor Bösem schützen. Mike stieg in die Maschine, eingedeckt mit einer Liste von Wünschen, welche Faruk für sich und seine Familie geäußert hatte, und flog Richtung Deutschland. Vier Stunden später stand er am Ausgang des Flughafens Köln/Bonn.
Er orderte ein Taxi und fuhr vom Flughafen kommend über die Rheinbrücke, vorbei an dem gesamten, rechts von ihm liegenden Panorama Kölns.

Wer lange in Köln gelebt hat begreift, was Mike empfand. Es war wie eine Umarmung des Doms, gleichzeitig mit der ganzen übrigen Silhouette der Stadt, und eine Wärme stieg in ihm hoch, als er das vertraute Bild in sich einsog.
In seiner Wohnung angekommen, fühlte er sich allerdings fremd und einsam.
Nach knapp drei verbrachten Monaten in Afrika erschlugen ihn die gefüllten Straßen mit Menschen und Autos, und das aggressive Verhalten dieser Leute fiel nur dann nicht mehr auf, wenn man täglich mit ihnen zu tun hatte. Sehr viel Zeit zum Nachdenken räumte er sich jedoch nicht ein.
Die nächsten Vormittage verbrachte er zuerst mit Einkäufen.
Er besorgte eine Angel, bestellte in einem Spezialgeschäft die Digitalwaagen zum Goldwiegen und besorgte kleine, zusätzliche Geschenke für die Mutter und die jüngere Schwester von Faruk.
An den Abenden telefonierte er ausgiebig mit seiner Freundin Juliana.
Er teilte ihr seine bis jetzt gemachten Erlebnisse mit und bat um ihre objektive Meinung.
Juliana hatte schon lange Angst um ihn gehabt, sie berichtete von einigen bösen Träumen, in denen er Bedrohungen erfuhr und hatte auch, auf seinen Wunsch hin, Tarot-Karten gelegt.
Die Auswertungen der Karten besagten, dass Mike in Chaos und Intrigen verwickelt würde. Ebenso, dass sein Leben in Gefahr sei.
Auf ihre Befürchtungen erwiderte er Juliana: "Ich kann mit denen ganz gut umgehen. Die Anpassung an die andere Kultur fällt mir sehr leicht, und ich bin sicher, dass ich alles im Griff habe. Mir sind zwar die Teevergiftung und die eigenartigen Reden, welche Faruk führte, auch unheimlich, aber ich glaube nicht, dass mir Schlimmeres passieren wird." Juliana warnte ihn dennoch, sehr vorsichtig zu sein und lieber das ganze

Experiment abzubrechen, als Schaden zu nehmen und eine nicht unerhebliche Summe an Geld zu verlieren.
Die Beutel mit den Kräutern hatte er direkt bei seiner Ankunft vernichtet. Er glaubte zwar nicht an deren Macht, etwas sowohl Negatives als auch Positives zu bewirken, wollte aber hier kein Risiko eingehen.
Nach einigen Tagen rief ihn Faruk an. Er fragte, ob alles in Ordnung sei und warum er die Beutel mit den für ihn so wichtigen Kräutern weggeworfen habe.
"Ich habe die Beutel bei mir", sagte Mike innerlich sehr erschrocken.
"Das stimmt nicht, ich kann das spüren. Die Beutel hast du vernichtet", erwiderte Faruk, "du hast kein Vertrauen in mich. Ich werde dir zeigen, was ich kann. Komm zurück, ich brauche dich hier. Sie machen mit meinem Haus und meiner Familie MicMac."
Beiläufig erwähnte er: "Ich weiß, dass du bei Mustafa gewesen bist. Er hat es mir erzählt. Du sollst wissen, dass seine Frau von ihm keine Kinder bekommen kann, und er glaubt fest daran, dass ich ihm helfen werde. Ich kann ihm helfen, und wenn meine Kraft gekommen ist, werden die beiden Kinder haben."
Mike drängte sich ab und zu die Frage auf, warum er nach dem bis jetzt Erlebten nicht die Konsequenz zog und die ganze Eskapade abbrach.
Er beruhigte sich damit, sein investiertes Geld ließe das nicht zu, und andererseits wollte er wissen, wie weit Faruk seine Scharade treiben würde.
Er flog Ende Mai nach Djerba zurück und wurde von Faruk im Gebäude des Flughafens in Empfang genommen. Er spürte sofort die große Veränderung in allem, wie Faruk mit ihm umging.

*

Kapitel IV

"Du sollst deine Sicherheiten haben", sagte Faruk auf der Fahrt zum Ferienhaus.
"Nächste Woche gehen wir zu Mustafa, dann wirst du als Eigentümer mit eingetragen. Nach der Abreise von Paul wohnst du in meinem Haus, und wir werden ab heute ständig zusammen sein.". Faruk hatte eine bestimmende Art zu reden angenommen und wirkte auf Mike kalt und unfreundlich.
Er erwiderte deshalb, trotzig, kein Wort.
Bei ihrer Ankunft stand Paul in der Haustür und lief ihm entgegen.
"Gott sei Dank, dass du zurück bist", sagte er. "Gestern ist hier eingebrochen worden. Es fehlt nichts, aber ich bin beunruhigt." Mike ging sofort in den Wohnraum, prüfte den Tresor und stellte zunächst keinen Verlust fest.
"Wie hast du es bemerkt?", fragte er Paul. "Ich war mit Caled, einem Bekannten, essen. Als er mich zum Haus zurück brachte, sahen wir jemanden fortlaufen, und das Fenster zum Badezimmer stand offen. Ich habe keine Erklärung, warum hier jemand einbricht. Zumal schwere Strafen darauf stehen.".
Mike spürte eine umgehende Hochspannung in sich aufkommen. Er prüfte sofort das Gas im Badezimmer und durchsuchte die anderen Räume nach verdächtigen Spuren.
Faruk tat, als wenn ihn das alles nichts anginge. Er schaute gelangweilt aus dem Fenster.

"Jetzt erzähle mir bitte alles, was in den zwei Wochen abgelaufen ist", forderte Mike sich in Richtung Paul wendend.
"Da gibt es nicht viel zu erzählen", antwortete dieser. "Ich war jeden Tag unterwegs, Faruk habe ich nur einmal gesehen, am Abend haben mich verschiedene Freunde besucht, wir spielten Karten und Schach, und ansonsten war ich tagsüber bei mei-

nem Boot. Leider hatte ich in den letzten zwei Wochen deiner Abwesenheit unerträgliche Nierenschmerzen. Diese hörten aber seit gestern schlagartig auf."
Mike dachte sofort an MicMac. Er erkundigte sich genau, wie diese Schmerzen angefangen hätten, aber Paul wiegelte ab, er habe eine starke Erkältung bekommen.
"Du weißt, was mir mit dem Nasenbluten geschehen ist. Sei bitte vorsichtig, nicht alle Menschen sind hier nett und freundlich, bitte iss und trinke nicht bei jedem, den du nicht genauer kennst."
"Du spinnst ja", erwiderte Paul ungehalten, "mir will hier keiner was. Ich bin mit allen gut Freund und es gibt keinen Grund, misstrauisch zu sein."
"Bei mir etwa", konterte der. "Ich habe mich hier akklimatisiert, spreche schon leidlich arabisch und verhalte mich so, wie Faruk es von mir erwartet. Bitte vergiss du nicht, wir beide haben eine große Summe Geldes hier investiert. Davon könnte eine ganze Familie mehr als fünf Jahre leben. Das wäre unter Umständen Grund genug, jemandem Probleme zu machen."
Während Faruk aufmerksam beobachtete, stritten sich die beiden weiter. Von ihnen kamen ständig neue Aspekte, wer sich besser verhalten würde oder beliebter sei, wer sich den Bekannten entziehen würde oder mit ihnen zuviel Umgang pflegte, also der ideale Nährboden, um weitere Intrigen gegen die beiden zu entwickeln.
Paul wollte, unabhängig von ihrem Streit, in den nächsten 10-14 Tagen zurück fliegen.

Faruk redete, wenn er nicht dabei war, gegen Paul, blieb ihm gegenüber jedoch höflich und zuvorkommend. Er richtete es so ein, dass Mike nur noch zum Schlafen ins Haus ging. Frühmorgens holte er ihn ab, fuhr mit ihm zu den Geschäften

und ließ ihn dort bei den arabischen Verkäufern mit dem Vorwand zurück, er müsse Papiere erledigen und Besuche bei Geschäftsfreunden abhalten.
Mike solle aufpassen, dass alles nach dem Rechten ginge.

Wenige Tage danach, es war spät am Abend, die Souvenirs waren schon längst eingeräumt, holte ihn Faruk wie gewohnt ab. Er erkundigte sich knapp, ob es Vorfälle gegeben habe, lud Mike dann in sein Auto und sie fuhren auf dem direkten Weg zu Aisha. Unterwegs erzählte er von MicMac, welches ihm zugefügt wurde und über die Kraft Aishas, dieses wieder aufzuheben. Nach ihrer Ankunft wurde Faruk mit Weihrauch und einer Kräutermischung gereinigt und Aisha goss Blei, um für ihn die Zukunft zu deuten. Diese schien positiv auszufallen, denn die Spannung, die vorher deutlich sichtbar in seinem Gesicht stand, fiel von ihm ab, und sie fuhren zufrieden nach Hause.
Eine weitere Woche war vergangen, da hatte Faruk beschlossen, sich am frühen Nachmittag mit Mustafa im Souk zu treffen. Jetzt sollte die offizielle Sicherheit für Mike eingetragen werden, und Mustafa sollte alle entsprechenden Papiere mitbringen. Beide warteten auf ihn, er schien aber nicht zu kommen.
Faruk drängte darauf, noch ein paar andere Erledigungen zu machen und fuhr mit ihm, ungeachtet seines Widerstandes, in Richtung Midoun. Sie waren nur wenige Kilometer gefahren, als Mike das Auto von Mustafa erkannte, welches in Richtung Souk an ihnen vorbeifuhr.
"Dreh bitte sofort um, da ist er ja", rief Mike. "Wenn du wirklich willst, du wirst sehen", kam die Antwort fast drohend von Faruk. Sie wendeten und fuhren dem Wagen nach, beinahe gleichzeitig mit diesem ankommend.
"Hallo Mustafa", begrüßte ihn Mike, "schön dich zu sehen,

was hast du mit deinem Auge gemacht? ". Mustafa hatte ein dick geschwollenes Auge und über der linken Braue ein Pflaster angebracht.
"Ich habe mich unglücklich gestoßen", sagte er ausweichend, und Mike vernahm eine Panik in seiner Stimme und erkannte, dass der sonst so selbstsichere Geschäftsmann vollkommen verängstigt war.
"Was ist mit dir?", fragte er noch einmal. "Bitte lass mich in mein Büro gehen, wir machen den Vertrag. Wartet eine halbe Stunde und kommt dann hoch zu mir", sagte Mustafa, drehte sich um und ging die Treppen zu seinem Büro hinauf.
Der Souk bestand aus einer rechteckigen U-Form, dessen linke Seite und das verbindende Stück zum rechten Gebäude zu Mikes und Faruks Geschäften gehörten, während die rechte Seite von einem Restaurant und einem Lebensmittelgeschäft bewirtschaftet wurde.
Der Restaurantbesitzer war ein hitzköpfiger, kleiner, drahtiger Mann, schnell sprechend und häufig erregt mit den Händen fuchtelnd, der mehrere Jahre in Deutschland zugebracht hatte, sich hierüber jedoch nur spärlich äußerte.
Der Lebensmittelhändler stellte eine lokale Größe im Fußball dar und gab sich locker, freundlich und stets redselig mit den Kunden.
Er beschäftigte einen dicken, leicht hinkenden Verkäufer, welcher wie einem Klischee entsprungen aussah.
Er besaß einen großen Kopf ohne Haare, schielende, böse und listig verengte Augen, einen riesigen, von einem blauen Kittel verdeckten Bauch, unter dem, in schwarze Hosen gehüllt, dicke Beine steckten. Eines davon zog er, leicht hinkend, nach.
Sowohl der Restaurantbesitzer als auch der Verkäufer hatten Mike von Anfang an skeptisch angesehen und fragten, oft mit süßlichem Unterton, was er denn in Tunesien wolle und ob er

der Chef der Geschäfte sei.
"Nein, ich bin nur ein Freund von Faruk und helfe ihm bei der Arbeit. Ich möchte hier in Tunesien leben", gab er dann regelmäßig zur Antwort.
Dabei spürte er instinktiv, dass ihm nicht geglaubt wurde, zumal sie diese Fragen zum wiederholten Male stellten. Vor allen Dingen der Dicke hatte ihn aufs Korn genommen, stichelte häufig und nannte Mike "CHEF".

Im selben Augenblick, als Faruk und Mike die Treppe zu Mustafas Büro hinauf gehen wollten, stand plötzlich der Restaurantbesitzer vor ihnen. Sein Name war Fachad, und er hielt Faruk erregt am Arm fest. "Inter mabul", schrie er Faruk an.
"Hua Alman, hua harv lä." ("Bist du krank, er ist Deutscher, er weiß nichts.").
"Hua harv cul", erwiderte Faruk, "er will es ja. Jetzt ziehen wir die Sache durch. Uns kann dabei nichts passieren.".
"Inter cul mabul", wiederholte sich Fachad und sah dabei hasserfüllt zu Mike.

Faruk schubste Mike fast die Treppe hoch, gefolgt von Fachad, öffnete oben angekommen die Türe und drängte ihn hinein.
Direkt hinter dem Eingang an einem kleinen Schreibtisch saß im fahlen Dunkel Mustafa.
Mike wurde schlagartig von einer inneren Erregung erfasst, es war pure Angst, die ihn sofort zittern ließ. Er bekam wirkliche Lebensangst, nicht wissend warum, jedoch in sich spürend und erkennend, jetzt das Richtige tun zu müssen. Während Fachad an der Türe stehen blieb, hatten sich Mike und Faruk, tiefer im Raum gelegen, auf zwei Stühle gesetzt. Mike sah erwartungsvoll zu Mustafa und konnte trotz der Dunkelheit

wieder diese Panik in seinem Gesicht lesen.
"So, jetzt sollst du deine Sicherheit haben", eröffnete Mustafa das Gespräch, "komm zu mir und lies, was ich geschrieben habe."
Bedrohlich näherte sich ihm Fachad und seine Augen glühten in tiefem schwarz und sahen dennoch aus, als sprühe Feuer aus ihnen. Auch Mustafa hatte, Mike konnte es genau sehen, rote glühende Augen, oder war das seine Fantasie, seine Einbildung?
Mit bebender Stimme, kaum fähig die Worte zu formulieren, sagte Mike instinktiv: "Je m´excuse, je ne veux pas le sécurité, s'il vous plais, me quittez."(Entschuldigt, ich will keine Sicherheit, bitte lasst mich gehen.)
"C'est vrai?" fragte ihn Mustafa. "Ja", rief Mike, "ja bitte, ich verspreche, nie wieder etwas zu wollen, bitte lasst mich gehen. Faruk weiß, das ich nur hier leben wollte.".
Warum spürte er so deutlich, welche Drohung von den Dreien ausging, schlagartig gefühlt, obwohl eigentlich keiner etwas gesagt hatte, was dieses Gefühl rechtfertigte? Mike konnte es nicht erklären. Er wusste nur genau, Mustafa stand unter Druck und war deshalb ebenfalls gegen ihn eingestellt.
Er stürzte aus dem Raum, gefolgt von Faruk, der einerseits entsetzt, andererseits erleichtert, Mike ansah.
"Dass du sehen kannst was passiert", sagte er sich dauernd wiederholend. "Dass du erkennen kannst, welche Macht hier genutzt wird, du musst sehr stark sein, du musst mehr Kraft haben als die, welche sie gegen dich anwenden.".
Von diesem Augenblick an hatte Mike die Kraft, alles was geschah zu erkennen und darauf zu reagieren, jedoch nie zu wissen, welchem Zweck es dienen sollte.

Faruk nahm Mike in seine Arme und stieß hervor: "Es wird alles gut, jetzt gibt es einen neuen Anfang, ich werde dir alles zeigen, jetzt wirst du von uns beschützt", und Mike spürte genau, wovon Faruk sprach, ohne zu wissen, was es war. Sie gingen schweigend und wie verschworen zu ihrem Wagen und stiegen ein.

Gemeinsam fuhren sie in eine Gegend, welche Mike bis jetzt noch nicht kannte. Nach etwa einer halben Stunde Fahrt hielten sie an einem großen Feld, auf welchem sechs Personen, darunter drei Kinder, arbeiteten.

Faruk begrüßte einen älteren Mann mit hageren Zügen und in Pluderhosen gekleidet. Auf dem Kopf hatte er einen Turban.

"Kess kessere", begrüßte er Faruk und dieser antwortete: "Cul kessere" und, den Kopf zu Mike deutend, "hua Sachbi behi." (Die Übersetzung lautete in etwa: "Im Glas geschlossen" und die Antwort "alles geschlossen. Er ist ein guter Freund").

Als Mike viel später diese Sätze Arabern gegenüber erwähnte, wurden diese eigenartig lauernd und verhalten. Sie wichen seinen gezielten Fragen aus und behaupteten, sie könnten sich keinen Reim auf diese Äußerungen machen, und das Wort "kess" habe keine Bedeutung im arabischen.

Eines der Kinder, ein Junge von etwa acht Jahren, kam auf sie zu und wurde mit etwas beordert. Mit einem offenen Lachen lief er auf das Feld zurück und brachte wenige Minuten später einen großen Korb mit Früchten und Gemüse. Den drückte er nicht Faruk, sondern Mike in die Hände. Der bedankte sich mit einem "Schukran" (Danke schön) und nahm an.

Sie verabschiedeten sich und fuhren weiter.

"Er ist ein wichtiger Mann", erklärte Faruk, "er wollte dich sehen, und er kann viel für dich tun. Er hält dich für gut und hat dich akzeptiert. Wenn die anderen dich auch annehmen, gibt es keine Probleme."

Zum ersten Mal fragte Mike ganz offen, ob Faruk etwas mit Fundamentalismus zu tun habe oder einer Organisation angehöre.

"Wir sind eine Familie und helfen uns gegenseitig", gab der zur Antwort. "Du wirst jetzt lernen, wie man in Tunesien lebt."

*

Sie fuhren in Richtung Medenine, die Regierungsstadt von Südtunesien.

Nachdem sie einige Kilometer hinter sich gelassen hatten, stand auf halber Strecke ein Polizeiwagen am Straßenrand, und zwei Polizisten hielten die Insassen an. Faruk machte einige kurze Erklärungen, und dann fuhren sie weiter. Nach einem Kilometer Fahrt bogen sie rechts in eine kleine Seitenstraße ab, und der Weg führte durch ein langgestrecktes Feld.

In einiger Entfernung sah man ein Gebäude stehen, leicht versteckt hinter ein paar Eukalyptusbäumen. Als sie den Hof erreichten, in den Innenhof fuhren und dort parkten, erschien ein jüngerer Mann im Eingang des Hauses, der nach seinem Gehabe ein Bediensteter sein konnte. Ihm wurde, mit der Aufforderung von Faruk, durch Mike der Korb mit den Früchten und dem Gemüse ausgehändigt.

Er bat die beiden ins Innere und wies ihnen einen Platz auf einem Sofa an, fragte nach, ob Kaffee oder Wasser gewünscht seien und entfernte sich, um den Hausherrn zu benachrichtigen.

Kurze Zeit später kehrte er mit einem Tablett, auf dem zwei Gläser und eine Karaffe mit Wasser platziert waren, zurück. Nachdem jeder einen Schluck Wasser zu sich genommen hatte, stand plötzlich ein Mullah, also ein orientalischer Priester, im Raum.

Seine Obergewänder einschließlich dem Turban waren weiß, darunter trug er eine schwarze Jellaba und an den nackten Füßen Sandalen.

Er hatte ein ausgesprochen gütiges, zerfurchtes Gesicht, mit leuchtenden Augen unter dichten, schwarz-grauen Brauen und einen weißen, kurzgeschnittenen Bart.
Er streckte seine Arme weit und geöffnet aus und ging auf Faruk zu, um ihm den orientalischen Bruderkuss zu geben. Wieder wurde Faruk mit den Worten "Kess kessere" begrüßt und ebenso erwiderte Faruk mit "cul kessere". Dann wandte er sich an seinen anderen Gast und sah ihn prüfend, ohne etwas zu sagen, an. Plötzlich ergriff er dessen Hände und hielt sie lange mit kräftigem Druck fest und sah ihn gleichzeitig mit zwingendem Blick in die Augen.
Endlich sprach er, sein Gesicht auf Mike gerichtet, zu Faruk. Der verlor seine anfängliche Spannung und übersetzte: "Er fühlt Kraft und Gutes in dir. Er will dich annehmen und sagt mir, es gibt keine Schwierigkeiten. Er möchte dir aber einen speziellen Tee geben, den nur du trinken darfst. Vertraue uns."
"Welche Schwierigkeiten könnte es denn geben?", fragte Mike. "Darüber will ich hier nicht sprechen", antwortete Faruk, "du bekommst deinen Tee und dann sehen wir."
Der Mullah entfernte sich und bereitete den Tee wohl selbst zu, denn er kam nach angemessener Zeit zurück und drückte Mike ein Glas in die Hände.
Das Getränk war von extrem dunkler Farbe und schmeckte holzig mit einem bitterherben Unterton.
Beide achteten darauf, dass er bis zum Ende trank, dann wurde das Glas sofort entfernt.
Der Priester flüsterte Faruk noch etwas zu, bevor sich, fast schon hektisch, verabschiedet wurde. Mike wartete auf irgendeine Reaktion, welche der Tee verursachen würde. Er spürte jedoch nichts, kein brennen im Magen, kein wohliges Gefühl, einfach nichts.
Bei ihrer Rückfahrt bemerkte Mike an einer Straßenkreuzung einen Wagen. Als sie sich dem Auto näherten, fuhr Faruk lang-

samer, und der Insasse dieses anderen Wagens ließ drei Mal seine Scheinwerfer aufblinken. Er konnte erkennen, dass dies kein Zufall war und die beiden sich ein verabredetes Zeichen gegeben hatten.
Deshalb fragte er nach dem Sinn des soeben Gesehenen, erhielt jedoch keine Antwort. Die weitere Fahrt verlief schweigend, und Mike bestand darauf, in sein Haus gebracht zu werden. Dort angekommen, prüfte er sein Gepäck und den Tresor nochmals auf Verluste.

Jetzt stellte er fest, was fehlte. Aus seiner Reisetasche war ein Pullover verschwunden und aus dem Wohnzimmer ein schwerer, breiter Silberring.
Sofort wusste er, welche Auswirkung und Bedeutung dieser Verlust hatte.
Jemand benutzte seine persönlichen Dinge, um damit einen Zauber auszulösen - oder hatte ihn schon ausgelöst??
Er musste Paul warnen. Er musste ihm sagen, was an diesem Tag alles geschehen war, aber er konnte nicht. Er war nicht in der Lage, Paul zu informieren. Etwas hielt ihn ab, er war wie in Trance. Gleichzeitig griff eine Angst nach ihm, die er in seiner Magengegend spürte, nicht wegen seiner Sicherheit, sondern wegen Paul.
Faruk jedoch informierte er. Er sagte ihm, was gestohlen wurde und bemerkte ein Erschrecken in dessen Gesicht. Ohne sich mit Paul groß zu unterhalten, fuhren die beiden wieder zu Aishas Haus.
Faruk berichtete über alles, was sich an diesem Tag begeben hatte. Erstaunt, ungläubig und dann wieder wohlwollend wurde Mike von Aisha und Ddd...t angesehen.
Dann stand Aisha auf, ging auf ihn zu und strich ihm liebevoll über den Kopf. "Behi, behi" sagte sie mehrmals. "Inter hadra, inter kebir." (Du bist heilig, du bist groß.)

Sie ging hinaus in einen anderen Raum, welcher zukünftig sicherlich eine Küche werden sollte. Erfüllt von einem "Dazugehören", welches Mike vorher nicht gehabt hatte, stand er auf und folgte ihr.
Gerade noch konnte er sehen, wie Aisha etwas in einem Mörser zerstampfte und in einem Glas gefüllt mit Tee, verrührte. Sie drehte sich zu ihm um, sah ihn mit starren, zwingenden Augen an und forderte: "Trink!"
Mike wehrte ab, lief zurück in den Wohnraum, gefolgt von Aisha, die sich wild redend an Faruk wandte.
"Warum vertraust du Aisha nicht?", fragte er, "sie will nur dein Bestes, und du beleidigst Sie, wenn du nicht annimmst."
Widerstrebend nahm Mike das Glas und trank. Schlagartig wurde er wie benommen, fühlte sich wieder einmal aufgewühlt, und wie durch Zauber war er in der Lage, das folgende Gespräch der anderen nachzuvollziehen und jedes Wort zu verstehen, obwohl er die Sprache so nicht gelernt hatte und auch nicht schreiben konnte.
"Ihr glaubt doch nicht, dass ich für den arbeite und er mit seinem Arsch da sitzt und mein Geld ausgibt", sagte Faruk zu Aisha. Diese nickte und lachte böse.
"Ich werde ihm einen Pilz geben, dass er schreiend durch die Straße läuft und alle denken, er sei verrückt." "Keine Angst", sagte Aisha, "er hat schon genug bekommen, mehr schadet ihm."
"Ich will, dass er hier stirbt, ich brauche seine Seele", beschwörend flüsterte Faruk das Ungeheuerliche in den Raum.
"Er wird hier nicht mehr fortkommen, Ddd...t und ich werden dafür sorgen", erwiderte Aisha.

Mike starrte fassungslos auf Faruk. Dieser merkte zunächst gar nicht, was vorging. Ungehalten fragte er herrisch auf

Arabisch: "Schnuä?", was gibt es.
"Du hast gerade was zu Aisha gesagt", stieß Mike erregt hervor "du bist gegen mich, du willst mich umbringen."

"Inter harv arabi, Inter gulah arabi?"
Faruk, ungläubig und erstaunt, rief es, selbst arabisch redend, Mike zu. ("Du verstehst arabisch, du sprichst arabisch?").
"Äna gul arabi, äna harv cul", sagte Mike nicht ohne Stolz und Trotz. Dann, in Deutsch fortfahrend, "ihr habt ja nie Rücksicht auf mich genommen, ihr habt ja ausschließlich arabisch gesprochen und mich stundenlang daneben sitzen lassen. Mittlerweile verstehe ich sehr viel, und das, was du gerade gesagt hast, habe ich wortwörtlich verstanden."
"Was redet ihr, sag, was los ist", verlangte Aisha. "Er sagt, er versteht alles", erklärte Faruk. Ungläubig zuerst, dann mit aufkommendem Entsetzen im Blick, sah Aisha Mike an.
Plötzlich auflachend, breitete sie die Arme in einer hilflosen Geste aus und rief mehrmals: "Inschallah, Allah, hu akkbar"(" Schicksal, Allah welcher groß ist").
Umgehend verfielen sie in einen Dialekt, den Mike bis jetzt nicht gehört hatte und den er nicht verstand.
Er machte aber darauf aufmerksam, dass sie nun Dialekt redeten, und das Erstaunen und die Erkenntnis, jemanden, einen Deutschen, der arabisch verstand, neben sich sitzen zu haben, schockte sie und machte sie fassungslos.
Wiederholt wurde er geprüft, mit kleinen Fragen, die er sofort beantwortete, mit der Bitte etwas zu reichen, was er richtig ausführte, bis sie begriffen hatten, ihm war ihre Sprache vertraut. Natürlich wusste Faruk von den paar Brocken arabisch, die Mike gelernt hatte. Dass ein Deutscher aber in so kurzer Zeit einem Gespräch folgen konnte, das hatte er nie erwartet.
Ddd...t und Faruk beratschlagten sich und schienen nach wenigen Minuten zu einem Ergebnis gelangt zu sein.

Sie forderten Mike auf, mit ihnen in die Stadt zu fahren. An einem Kreisel im Südteil der Stadt hielten sie an, und die beiden gingen in eine Apotheke.
Mike konnte vom Auto aus sehen, wie Faruk auf den Apotheker einredete.
Dieser schüttelte wieder und wieder den Kopf und hielt seine Hände abwehrend gegen Faruk. Zögerlich kramte er plötzlich in seinen Schubladen und brachte einen Plastikbeutel mit weißem Pulver zutage, den er über den Tresen reichte, nicht ohne warnende und abwehrende Gesten in Richtung Faruk zu machen.
Beide kamen mit einer sichtbaren Entschlossenheit aus der Apotheke zurück und setzten sich ins Auto. Kein Wort zu Mike sagend, fuhren sie zum Haus zurück.
Der blieb von dem Zeitpunkt an, bis hin zu dem dramatischen Ende der Geschichte, in ausschließlich beobachtender Haltung. Die Gewissheit, nicht wirklich zu Erkennen, was und warum derartiges mit ihm geschah, ließ ihn handlungsunfähig werden. Dazu entstand, vielleicht zu Unrecht, dass Gefühl, keiner würde ihm helfen. Was sollte er auch machen? Laut schreiend auf die Straße rennen und Hilfe, Hilfe rufen?
Welcher dieser Berber würde einem Fremden, einem Touristen, gegen seine eigenen Landsleute helfen?
Zur Polizei gehen? Was sollte er bei denen sagen? Etwa, dass ihn sein eigener Freund, dem er Geld für seine Geschäfte gegeben hatte und der ihm dabei helfen wollte, in Tunesien zu bleiben, dass der ihn vergiften wollte?
Mike kam das außerdem alles so unwirklich vor, dass er auch jetzt noch auf stärkere Indizien wartete. Was war denn bis jetzt passiert? Ein wenig MicMac, daran glaubte er selbst kaum. Die vielen Tees, die er getrunken hatte und die ihn teilweise realitätsfremd werden ließen, sonst nichts.
Er konnte keine plausible Erklärung finden, warum ihm das

alles angetan wurde. Nur wegen des Geldes? Das war Mike einfach zu vordergründig. Was hatte Faruk davon, wenn er tot war. Die Menschen würden doch Fragen stellen, und spätestens Paul würde doch wissen wollen, wo Mike war. Das beruhigte ihn wieder, und so ließ er auch weiterhin alles mit sich geschehen.
Nachdem sie Ddd...t zurück in sein Haus gebracht hatten, fuhren sie zu Mikes Unterkunft. Unterwegs redete Faruk auf ihn ein. "Du darfst Paul nichts von allem erzählen. Wenn er etwas erfährt, wird er Tunesien nicht lebend verlassen. Darauf habe ich keinen Einfluss. Du kennst Paul, er wird überall Fragen stellen. Ich werde ihn übermorgen selbst zum Flughafen bringen, also kein Wort zu ihm."
In Mike schrie alles. Nicht Paul, ihm durfte nichts geschehen. Er konnte doch nichts dafür er, Mike hatte doch alleine Schuld. Aber welche Schuld? Er wusste es nicht.
"Willst du mich wirklich umbringen. Warum hasst du mich so, was habe ich dir getan?", fragte er jetzt. "Nichts", antwortete Faruk "du bist anständig und stark. Deine Stärke wird dir helfen, hier alles zu überstehen. Ich will deine Seele. Deshalb werde ich dir auch gegen die Anderen helfen."
"Wer sind die Anderen?" fragte Mike. "Ich werde dir viel später alles erklären. Jetzt bin auch ich in Gefahr", sagte Faruk.

Kurz vor ihrer Ankunft, sie bogen gerade den kleinen Weg ein, welcher direkt zum Haus führte, sprang ihnen Caled fast vor den Wagen. Caled war einer der vielen Freunde von Paul. Er fuhr ab und an Touristen mit einem Einspänner durch den Ort, oder er lungerte am Strand herum.
Mike erkannte ihn fast nicht wieder. Vor drei Tagen hatte er noch normal lange Haare gehabt. Jetzt waren sie bis zur Glatze geschoren und es ging etwas wildes, sehr Verzweifeltes von ihm aus.

Faruk gab sich jedes Mal, wenn er ihn sah, den Anschein, ihn nicht zu mögen. Dennoch sprach er jetzt schnell und eindringlich auf ihn ein. Caled nickte mehrmals und verschwand.
Am Haus vorgefahren, wollte Faruk nicht mit hineingehen. Mike öffnete die Tür, schon beim Eintreten nach Paul rufend. Paul machte sich in der Küche zu schaffen und begrüßte ihn nur knapp. Der, noch voller Panik durch das vorher Erlebte, rauchte eine Zigarette, zog dann seine Kleidung aus und wollte gerade duschen, als Caled erneut das Haus betrat.
Er war hektisch, schaute verstört zu Mike und lief an ihm vorbei ins Bad. Angeblich, um seine Turnschuhe zu säubern. Mike war jedoch so sensibilisiert, dass er ihn nicht aus den Augen ließ.
So sah er, wie sich Caled mit etwas in der Hand über die Duschtasse beugte und offensichtlich dieses Etwas in den Ausguss warf. Mit einem Satz war Mike bei ihm, stellte das Wasser der Dusche an und spülte egal was es gewesen sein mochte, fort. Caled sprang mit Entsetzen auf und hielt sich schützend die Hand vor den Mund, als ob er irgendetwas nicht einatmen wolle.

Paul hörte den Aufruhr, kam aus der Küche und fragte, was los sei. Mike schrie fast: "Er hat was in die Dusche getan, er will uns umbringen!" Caled sagte nichts, doch seine Augen waren schreckweit geöffnet und seine braune Gesichtshaut fast fahl, was sie beinahe grünlich aussehen ließ.
"Du bist verrückt, was ist überhaupt los mit dir?", schimpfte Paul.
"Seit Tagen verhältst du dich so eigenartig, Du kannst doch meine Gäste nicht beleidigen." "Sie wollen dich umbringen", schrie Mike, jetzt wirklich außer Fassung. "Caled hat bestimmt ein Gift, wahrscheinlich etwas, das Dämpfe verursacht, in die Dusche geworfen. Bist du denn nur blind. Denke

an deine ungewöhnlichen Nierenschmerzen. Sie haben meine Sachen gestohlen und machen damit MicMac!!"
Caled protestierte nicht. Mike hatte den Funken von Hoffnung, dass er eine Erklärung abgeben würde. Er tat es nicht, sondern sah ihn starr vor Angst und mit weit aufgerissenen Augen an.
Dann setzte er sich auf ein Sofa, welches im Wohnzimmer stand. Die Fensterläden waren geschlossen, man konnte jedoch durch die Holzlamellen ganz schwach nach innen sehen. Caled begann, merkwürdige Zeichensignale zu geben. Genauer gesagt, egal wo Mike stand, er deutete auf ihn, jeweils mit einem Auge in die Richtung der Fenster sehend.
Der interpretierte in seiner Panik, er solle erschossen werden. Jetzt fast von Sinnen, warf er Caled hinaus und rief ihm nach: "Du kannst denen, wer immer sie auch sind, sagen, ich bin bereit, aber sie sollen Paul in Ruhe lassen!"
Paul war nicht mehr anzusprechen. Völlig verärgert wandte er sich ab und ging auf sein Zimmer zum schlafen, während Mike wie im Fieber kein Auge zu machte und lauschend in die Nacht horchte, sich wiederholend fragend, bin ich verrückt oder ist das alles Realität? Er hatte doch alles mit eigenen Augen gesehen. Warum Paul nicht?
Lauernd wie ein Tier verbrachte er die Nacht, horchte mit fast gespitzten Ohren nach draußen auf jedes Geräusch und schlief irgendwann vor Erschöpfung ein.

*

Als der Tag anbrach, hörte Mike auf der Terrasse des Hauses Stimmen und leises Lachen.
Er zog sich T-Shirt und Hose an und öffnete die Flügeltüren, die den Blick zur Terrasse freigaben.
Fünf Frauen aus der unmittelbaren Umgebung saßen dort und

wuschen ihre Wäsche. Sie hatten einen riesigen Bottich aufgestellt, daneben ein kleines Feuer entfacht, welches sie zum Teekochen nutzten. Sie sahen Mike neugierig und lauernd an. Er grüßte mit einem freundlichen "Spachir"(guten Morgen), und ging zurück in den Raum, überlegend, warum diese Weiber da saßen.

Das Wäschewaschen hatte auf ihn eine symbolische Ausstrahlung. Er fragte sich jedoch, wieso gerade vor seinem Haus?

Erneut ging er hinaus und bat mit höflichem Lächeln um ein Glas Tee.

"Min fadlek, uahed Tshaj a tini?", fragte er eine dicke Schwarzhaarige, welche so aussah, als sei sie die Hauptperson. Kaum hatte er es ausgesprochen, fingen die Frauen an, schnell und wild aufeinander einzureden. Mike überlegte sich schon, ob er einen Fehler gemacht habe.

Doch dann wurde ihm mit Zuruf ein Glas Tee gereicht und er trank es vorsichtig und respektvoll leer.

Danach ging er ins Haus zurück und nahm eine Dusche. Nach den gestrigen Vorfällen fühlte er sich erfrischt, gereinigt und hellwach. Als er wenig später auf die Terrasse zurückkam, waren die Frauen fort. So als wenn Sie nie dort gesessen hätten.

Er fragte sich, ob er sie verjagt oder ihre Ehre verletzt hätte? Nein, er konnte sich keinen Vorwurf machen, ebenso keinen Reim auf die vorangegangene Situation.

Paul, der ebenfalls im Haus verweilte, hatte alles ignoriert. Parallel zu diesem Ablauf hatte er sein Gepäck vorbereitet, eine Kleinigkeit in der Küche gegessen und war dann, gegen 9:30 Uhr, in Richtung Straße gegangen.

Jetzt saß Mike verunsichert auf seiner Terrasse, ließ die letzten Tage Revue passieren und konnte sich weniger denn je ein klares Bild von seiner Lage machen.

Ihm blieb auch keine Zeit dafür, denn plötzlich erschien der Besitzer des Hauses und erklärte, die Küche müsse jetzt sofort gestrichen werden. Sein mitgebrachter Begleiter, gehüllt in ein langes, blaues Obergewand (die allgemein bekannte Arbeitskleidung), hielt einen Eimer mit weißer Tünche und einen besenähnlichen Pinsel in den Händen. Sie gingen ins Haus und werkelten sofort in der Küche herum.

Mike überfiel Angst und nicht definierte Panik. Er sah in allem bedrohliche Situationen, konnte dem Ganzen aber keinen Sinn geben. Er glaubte, das Haus werde präpariert. Er lief in Richtung Straße und Paul fast in die Arme.

"Paul, du musst mir helfen. Sie wollen mich umbringen. Dich ebenfalls. Bitte hilf mir!"

Paul stieß Mike von sich. "Du bist ja peinlich", rief er "ich kann und will dir nicht helfen. Ich habe mit deinen Geschichten nichts zu tun!"

Mike gab in seiner Verzweiflung Paul einen flachen Schlag ins Gesicht und lief dann in Richtung Suhiel, auf die Route des Hotels.

Nach wenigen hundert Metern erreichte er ein Haus, welches einem jungen Ehepaar gehörte, dass er über Faruk kennen gelernt hatte. Es lag linker Hand auf einer kleinen Anhöhe, und die Nachbarhäuser standen über 20 Meter entfernt. Er öffnete das Gartentor und klopfte an die Eingangstür. Niemand machte ihm auf.

Er blieb an dieser Türe stehen, sah in Richtung Straße und glaubte, alle Menschen würden sich nach ihm umdrehen. Er fürchtete erschossen zu werden, weil er angeblich etwas wusste, das er gar nicht kannte. Wieder trommelte er gegen die Türe und hoffte, einer würde ihm öffnen. Er hatte blinde Angst.

Er glaubte an eine Verschwörung gegen ihn. Er musste etwas verbrochen haben, aber was? Er nahm seinen ganzen Mut

zusammen und ging zurück und dann, mitten auf der Straße laufend, weiter. Dort fuhr ihm Faruk mit seinem Auto entgegen.
Erstaunlich, dass dieser ihn nichts fragte. Er lud ihn in den Wagen und sie fuhren zum Haus zurück. Dann sagte Faruk: "Pack deine Sachen, ich bringe dich zu meiner Familie, hier bist du nicht mehr sicher. Sie haben schon alles präpariert."
"Was haben DIE präpariert?", fragte Mike. "Später, ich muss Paul zum Flughafen bringen. Dich setze ich zunächst in meinem Haus ab. Du darfst dich nicht mehr von Paul verabschieden."
Widerspruchslos packte Mike eine kleinere Tasche mit Kleidung, später wollte er den Rest nachholen. Plötzlich hatte er das Bedürfnis, sich andere Hosen anzuziehen.
Als er sich seiner Jeans entledigte, sah er auf seinem weißen Slip Blut. Er zog ihn herunter und sah im Inneren des Slips noch mehr Blut.
Eindeutig kam das aus sciner Harnröhre. "Faruk", schrie er, "komm her und sieh, was du mit mir machst. Sieh dir das an. Ich bin nur mit dir zusammen gewesen. Nur du kannst mir so etwas antun!!"
Wortlos betrat Faruk den Raum und sah sich den Slip an. Dann sagte er bedrohlich ruhig: "Du musst alles machen, was ich dir sage. Ich werde dir helfen."

"Aber ich habe bis jetzt alles gemacht, was du gewollt hast!", schrie Mike.
"Bleibe ruhig, ich fahre dich sofort zu meinem Haus. Meine Mutter wird sich um dich kümmern." "Ich will umgehend zu einem Arzt", befahl Mike. "Nein, der kann dir nicht helfen. Dafür ist auch keine Zeit", erwiderte Faruk. Mike gab sich geschlagen. Er war resigniert und durch die dauernden Attacken müde.

Sie fuhren den Weg zurück in Richtung Souhiel. Faruk duckte sich ab und zu hinter seinem Lenkrad, als wollte er einem Angriff ausweichen. Instinktiv tat Mike das Gleiche.
Im Haus angekommen, wurden sie von Faruks Mutter empfangen, die Mike in einem kleineren Raum, rechts neben der Küche, unterbrachte. Erschöpft legte er sich auf einen Diwan und schlief zunächst ein.
Nach einiger Zeit wurde er von Geräuschen geweckt und hörte aus einem gegenüber liegenden Zimmer ein monotones, dit, dididit. didididit. Diesen Raum hatte er bei anderen Besuchen schon wahrgenommen, allerdings nur stets verschlossen. Auch jetzt deutete nichts darauf hin, dass jemand in dem Zimmer wäre. Wieder hörte Mike dieses dit, didididit. Es waren Morsezeichen, laut und deutlich zu hören. Mit wem stand Faruk in Verbindung und wozu brauchte er ein solches Gerät?
Hoffentlich geschieht Paul nichts, dachte er wieder und wieder. Die Drohung, Paul nicht nach Deutschland zu lassen, schien für Mike sehr real.
Als Faruk zurückkehrte, sagte er lapidar: "Paul konnte gehen."
Mike bat darum, nach Deutschland zu telefonieren, um Nachricht an seine Freundin Juliana zu geben. "Nein, jetzt ist keine Zeit", sagte Faruk, "du kannst später anrufen."
Das Telefon im Haus wurde regelmäßig abgeschlossen, angeblich, damit seine jüngeren Brüder nicht mit ihren Freunden stundenlange Gespräche führten. Nur Faruk hatte den Schlüssel, und nur in seinem Beisein durfte man telefonieren.

Mike fragte ihn nach den Morsezeichen, welche aus dem Nebenraum gekommen waren. Faruk zuckte nur die Achseln, schaute erstaunt und gab keine Auskunft. Die ganze Aufregung, Pauls Abreise und die Morsezeichen, hatten Mike

sein Bluten aus der Harnröhre zunächst vergessen lassen
Faruk veranlasste ihn, mit ihm zurück nach Djerba zu fahren. Sie fuhren zum Geschäft und, in dem Souk angekommen, musste sich Mike draußen in einer Art Innenhof auf einen Stuhl setzen.
Wenige Minuten später traf Adel, der Polizist und Freund von Faruk ein. Er schaute Mike kurz an, grüßte knapp und sprach mit Faruk. Adel sagte, er könne, wenn erwünscht, Mike beseitigen. Entsetzt hörte dieser den beiden zu, nicht glauben wollend, was da gesprochen wurde.
Faruk hatte Mike, dem es jetzt erschreckend klar wurde, schon vor Wochen ausgeredet, die beiden Polizisten aus Tunis zu besuchen.
"Was willst du in Tunis?", hatte er gefragt "der Flug dahin, die Übernachtung, alles kostet viel Geld. Spare das lieber und zwinge mich nicht, dir das zu verbieten."
Mike hatte eingewilligt, obwohl er gerne gefahren wäre. Er hatte vorgehabt, den Polizisten dort in Tunis seine Story zu erzählen und deren Meinung zu hören. Jetzt war das alles zu spät. Die Adresse mit den Telefonnummern war verschwunden. Die Beamten, längst abgereist, konnte er nicht mehr um Hilfe bitten.

Abbes, der jüngere Bruder von Faruk, stand am Eingang des Souk, direkt an der Straße
"Aber du kannst doch nicht zusehen, wie er mich umbringen will!", schrie Mike, einer Eingebung folgend, ihm zu. Abbes forderte Touristen auf, in die Geschäfte zu kommen. Die Situation war so unwirklich. Jetzt erhob Mike sich und ging zu ihm hin. Er hatte Vertrauen zu ihm und sie verstanden sich ganz gut.
"Weißt du, was Faruk mit mir macht. Er will mich wegen des Geldes töten. Bitte hilf mir, du musst mit ihm reden", flehte

Mike ihn an. "Er ist mein Bruder. Er kann machen, was er will. Er lässt sich nichts von mir sagen", erwiderte Abbes sehr nachdenklich, und man konnte es förmlich sehen, wie sein Kopf arbeitete. Doch plötzlich ging er zu seinem Bruder und sprach mit ihm. Er stellte ihm Fragen und machte verzweifelte Drohungen, eine Ungeheuerlichkeit, wenn man die Hierarchien in Nordafrika kannte. Er schien jedoch etwas erreicht zu haben.

Aus dem Laden gegenüber schlurfte der dicke Verkäufer hinkend um die Ecke und schaute Mike bösartig an. Dann wandte er sich an Faruk und sagte: "Grab hier ein paar Knollen aus und gib ihm die zu trinken" und mit einer beide Hände aneinander reibenden Bewegung ergänzte er: "Dann ist Ruhe."

Mike flogen die Gedanken. Was hatte er getan, wen hatte er beleidigt. Warum schienen alle so hasserfüllt gegen ihn?

Diese fehlenden Erklärungen zermürbten sein Gehirn. Es wurde ihm zum Zwang, den Grund für Faruks Verhalten zu finden, und die Versuche, seine Unschuld zu beteuern, ohne zu wissen warum, wurden von Mal zu Mal kläglicher.

Faruk agierte, indem er mit Adel fortfuhr und Mike zurück ließ. Mike forderte die einzelnen Mitarbeiter, welche so herumsaßen, als wäre nichts gewesen, auf, ihm eine Erklärung für Faruks Verhalten zu geben. Umsonst. Es gab keine Äußerungen. Als Mike sich erhob, um nebenan einen Kaffee zu besorgen, wurde ihm klar, dass er gefangen war. Die Angestellten fungierten ihm gegenüber als Aufpasser und stellten sich ihm in den Weg, als er sich anschickte fortzugehen.

"Wohin willst du?", fragte Mouldi, den Mike sonst als netten freundlichen Menschen kannte. "Kaffee holen", erwiderte Mike leicht gereizt.

"Den bringe ich dir, bleib sitzen."

Mouldi entfernte sich und kam mit Kaffee zurück. In Mike

stieg eine ohnmächtige Wut hoch. Er hätte sich zwar wehren können, würde damit jedoch offene Feindschaft zeigen und den Umgangskodex brechen. Hier draußen konnte ihm keiner helfen, und er würde in diese Lage noch mehr Spannung bringen.

Gegen Abend näherten sich drei französische Frauen dem Souk und riefen: "Michel, Michel, tu es la? Nous cherchons-toi, s'il vous plais, demandes! "

Mike sprang auf, wurde jedoch sofort zurück gedrängt und in eines der Geschäfte gestoßen. Die Frauen hatten nach ihm gerufen und gefragt, ob er da sei. Jetzt wurde die Türe verschlossen, und Mike konnte draußen die aufgeregten Stimmen der Französinnen hören. Wiederholt fragten sie nach ihm, wollten wissen, wo er sich befand. Beschwörendes Verneinen der Mitarbeiter und beruhigende Äußerungen kamen zur Antwort. Mike wollte aufspringen und zur Tür laufen, wurde aber von einem mit ihm eingeschlossenen Aufpasser daran gehindert.

Wieso suchten diese Frauen nach ihm? Konnte es sein, dass sich Außenstehende um ihn sorgten? Jetzt hörte er, wie die Frauen sich entfernten. Er hatte die leise Hoffung, Paul habe vor seinem Abflug irgendjemandem Nachricht gegeben, und jetzt wollte man sich um ihn kümmern.

Er blieb verzweifelt in seinem Arrest, als erneut lautes Geschrei von draußen hörbar wurde. Kurz darauf wurde die Tür aufgerissen, und ein Teppichhändler, er hieß Tachat, den Mike schon öfter gesehen und der mit ihm und Faruk den einen oder anderen Kaffee getrunken hatte, stürzte herein und befahl Mike, mit ihm den Souk zu verlassen.

Man kann sich nicht vorstellen, was in Mike vorging. Er hatte mittlerweile vor jedem Menschen Angst. Er vertraute niemandem und wog ab, was dieser Händler von ihm wolle und ob er auch von diesem Unheil erfahren würde.

Deshalb signalisierte er, ihm ginge es gut und er wolle bleiben. Erneut sagte der Händler, er versuche ihn zu beschützen und an einen sicheren Ort bringen.
Mike blieb bei seinem Standpunkt. Tachat musste gehen, sonst wäre die Situation eskaliert und für ihn schwierig geworden.

Als Faruk zurückkehrte, wurde ihm alles sofort berichtet. Er geriet in Hektik, forderte Mike auf, sofort mitzukommen und lief zu seinem Wagen.
Mike stieg widerstrebend ein und sie fuhren zum Haus der zukünftigen Frau von Faruk.
Er war vorher schon öfter zu dieser Familie mitgenommen worden. Damals wurde er bewirtet, die Frauen plauderten höflich mit ihm und er kam gerne zu Besuch.
Heute war alles anders. So, als ob Faruk schon vorher Nachricht gegeben hätte, liefen die Bewohner aufgeregt hin und her. Eine Schwester von Faruks Zukünftiger saß auf dem Boden und sprang mit einem Satz auf, als sie den Wohnraum betraten.
Umgehend stiegen sie gemeinsam eine Etage höher, hier war das Mädchenzimmer, und darin wurde Mike untergebracht.
Er stellte Fragen, weshalb er hier wäre und wieso sie ihn festhielten.
Die Schwester kramte aus einer Schublade ein Sparbuch hervor, wedelte damit vor Mikes Nase und sagte: "Ti flus, ti flus" (Dein Geld, dein Geld). Mit einem Schlag wurde ihm das Komplott klar.
Faruk hatte das in Tunesien zusätzlich erhaltene Geld an seine Braut gegeben. Diese reichte es an ihre Schwester weiter und die hatte es auf ein Sparbuch eingezahlt.
Die Möglichkeit, den Beweis zu erbringen, dass Mike Faruk in Tunesien Bargeld gegeben hatte, war völlig vernichtet. Triumphierend sah sie ihn an.

Sie flüsterte mit Faruk und entfernte sich. Wenige Minuten später kehrte sie mit einem Tablett zurück, auf welchem Essen lag. Sie stellte es Mike vor die Füße.
Er aß nichts. Er hatte zuviel Angst, dass er vergiftetes oder besprochenes Essen zu sich nahm. Er trank auch nur noch von Flaschen, welche andere schon vorher genutzt hatten. Achselzuckend wurde die Tür hinter ihm abgeschlossen.
Er saß auf dem Diwan und lauschte. Stimmen drangen von unten zu ihm hinauf, verstehen konnte er jedoch nichts.
Er hörte den Motor eines sich nähernden Autos, und kurze Zeit später vernahm er das Knirschen des Kieses vor dem Haus, und mehrere Personen schienen einzutreten.
Nochmals hörte er einen Wagen. Er kam näher, schien sich dann aber wieder zu entfernen. Von unten drangen laute Stimmen zu ihm. Offensichtlich wurde gestritten.
Mikes Gedanken rasten. Wie kam er aus der ganzen Misere heraus? Wem konnte er sich anvertrauen?
Jetzt hörte er ein Kratzen an der äußeren Hauswand. Es klang, als wenn jemand auf das Dach klettern würde. Flüsternd wurde draußen beratschlagt.
Er war so angespannt, dass er das Pochen seines Herzens an seiner Kehle spürte. Als er glaubte, von der Erregung zerrissen zu werden, sah er im Dachfenster ein Gesicht, und gleichzeitig schrie er, gegen die Tür klopfend, nach Faruk.
Diese Schizophrenie, nach seinem Verräter und Peiniger zu rufen, kann nur verstanden werden aus dem Gedanken heraus, den Feind zu kennen und einschätzen zu können, während unbekannte Bedrohungen sich wie Berge auftürmten.
Er hörte das Heraufstürzen mehrerer Personen auf der Treppe, die Türe wurde aufgeschlossen, dann weit aufgerissen, und der Bruder von Faruks Braut hechtete zum Fenster, riss es auf und rief etwas in die Dunkelheit. Faruk stand, schneeweiß im Gesicht, neben Mike in regloser Starre.

Über den Kies hörte man ein sich entfernendes Laufen, konnte aber niemanden ausmachen in der schwarzen Nacht.
"Wer war das?", wurde wie eine Drohung von Faruk gefragt. "Kennst du die Leute, die hier auf dem Dach waren?"
"Nein, nein", stieß Mike hilflos hervor, "wie sollte ich. Bitte sag mir, was ihr von mir wollt. ich habe doch keinem etwas Schlechtes getan. Ich verstehe die ganze Situation nicht mehr. Helft mir doch."
Faruk packte ihn am Arm und zog ihn Richtung Treppe. "Wir werden sofort fahren, wir müssen uns in Sicherheit bringen. Ich muss sofort nach Zarzis", sagte er.
Sie hasteten aus dem Haus ohne große Verabschiedung und liefen geduckt zu dem etwas abseits geparkten Wagen. Dann fuhren sie die ganze Auffahrt des Hauses ohne Licht zurück, und erst als sie wieder auf der Hauptstraße waren, schaltete Faruk die Beleuchtung ein.
"Du musst doch die Leute kennen, die kommen doch nicht ohne Grund zu dem Haus deiner Freundin", flehte Mike. "Bitte sag, wer hat ein Interesse an mir?"
"Es ist mein früherer Arbeitgeber, er ist sehr mächtig und ich weiß zuviel über ihn. Du hast mir mit deinem Geld geholfen, stark zu werden. Er kennt aber umgekehrt auch mein Leben und dich greift er an, um mir zu schaden."
Faruk redete sehr ruhig, fast entspannt. "Du bist der Schlüssel. Mein früherer Arbeitgeber hat viele Freunde, welche die Macht mit ihm teilen. Durch dich bin ich ein starker Gegner geworden, darum musst du in ihren Augen verschwinden. Sie haben mit deinem Pullover und deinem Ring MicMac gegen dich gemacht. Deshalb hast du auch vor mir Angst. Deine Seele ist sauber und du hast eine große Kraft, deshalb bist du noch nicht tot. Ich versuche, dich zu schützen und dich von dem MicMac zu befreien."
"Du willst mir doch auch nur Böses", entgegnete Mike mit

gleicher Ruhe. "Ich habe gesehen, wie du in der Apotheke Gift gekauft hast. Du warst jedes Mal dabei, wenn ich Tee bekommen habe, und ich glaube, dass die Tees alle eine schlechte Substanz beigemischt hatten. Die letzen Wochen war ich keinen Tag ohne dich, aber dauernd kommen Probleme auf mich zu. Ich glaube, du bist derjenige, welcher mir schaden will."
"Du wirst sehen, eines Tages verstehst du", antwortete Faruk und beendete das Gespräch.
Sie fuhren über den Römerdamm zurück, die beiden Polizisten wechselten mit Faruk einige Worte, salutierten und gaben ihm den Weg frei.
Spät abends kamen sie im Haus der Familie an, und Faruk berichtete seiner Mutter mit hektischen Worten die vergangenen Geschehnisse und forderte dann Mike auf, mit ihm, obwohl fast Nacht war, Aisha aufzusuchen.
Dort angekommen, drückte er ihn in den schon bekannten, kerzenbeleuchteten Raum, in dem Ddd...t kauerte. Faruk selbst ging in die Küche und ließ Tee zubereiten, während er schnell und eindringlich auf Aisha einredete.
Neben Ddd...t saß sein kleiner sechsjähriger Sohn Ab del Kader. Er war ein sehr aufgewecktes, lebhaftes Kind. Mit Mike lachte er gerne und oft, nachdem die anfängliche Scheu gewichen war. Er konnte sich kugeln, wenn Mike mit ihm arabisch redete. Manchmal sagte Ab del Kader kleine Unverschämtheiten zu ihm und erstickte fast an seinem Lachen, wenn der dann etwas ratlos schaute. Ab del Kader verehrte Mike und dieser hatte das sichere Gefühl, dass der kleine Junge ihn in manchen Situationen beschützte.
Jetzt kamen die beiden aus der Küche und Aisha hatte ein Tablett mit gefüllten Teegläsern in der Hand.
Sie stellte es mitten in den Raum und machte eine einladende Bewegung, jeder möge sich ein Glas nehmen.
Mike sah sofort, ein Glas war abseits von den vier anderen

platziert und so gestellt, dass er es eigentlich nehmen musste. Mit dem ihn oftmals vor dem Schlimmsten bewahrenden Instinkt griff er jedoch nach einem anderen Glas und trank triumphierend.
Mittlerweile hatte er gelernt, auf die bösen Spiele mit ihm nach seinen Möglichkeiten zu reagieren. Unvorstellbar, dass Faruk und seine Freunde ihm ganz offen nach dem Leben trachteten und er, Mike, genauso offen zeigte, dass er dies merkte. Leider war er nicht ständig der Sieger in diesem Kampf.
Dieser Schachzug ging jedoch an ihn. Aisha versuchte noch wie unabsichtlich, das Glas umzustoßen, da hatte es Ab del Kader schon in seinen Händen.
Alle, einschließlich Mike, starrten auf das Kind. Mit einem unterdrückten Schrei riss Aisha dem Jungen das Glas aus der Hand und schüttete den Inhalt einfach auf den Boden. Damit musste sie offenbaren, dass in dem Teeglas nichts Gesundes war.
Ab del Kader, zunächst verwundert, dann, obwohl noch so jung, begreifend, was geschehen war, fing laut zu schreien an, boxte seinen Vater in die Seite, drohte mit seiner kleinen Faust gegen seine Mutter und umklammerte Mike, indem er "Lä, lä lä, inter sachbi" schrie. (Nein. Nein, nein, Du bist mein Freund).
"Was tut ihr mir an?", fragte Mike fast pathetisch. Er erhielt keine Antwort und er wollte auch keine.
So aberwitzig waren die vielen Vorkommnisse, sie geschahen für ihn ohne Sinn, und er konnte nicht aus diesem Teufelskreis heraus.
Aisha, sonst krampfhaft bemüht, eine gewisse Höflichkeit zu erhalten, war in offener Wut gegen Mike. Er hatte ja das Leben oder wenigstens die Gesundheit ihres Kindes in Gefahr gebracht, nicht daran denkend, dass sie selbst es verschuldet

hatte.
So brachen Faruk und Mike den Besuch, sich abrupt verabschiedend, ab, und auf dem Rückweg sagte Faruk, ständig den Kopf schüttelnd: "Du bist stark, so stark."
Sie gingen, zu Hause angekommen, direkt zu Bett. Das Mike zugewiesene Zimmer, ein Raum von 12 qm, diente sowohl ihm als auch Faruk zum schlafen. Rechts und links an der Wand stand je ein Diwan, dazwischen war ein halber Meter Platz als Durchgang. An den Wänden hingen über den Betten Webteppiche, die in allen arabischen Ländern als Kelim bekannt sind.
In einer Ecke des Raumes stand ein Stuhl, und darauf war ein Kofferradio platziert.
Dieses wurde von Faruk angestellt und er suchte eine bestimmte Frequenz.
Leise kamen beschwörende, wie Suren klingende Worte. Dann ein Gebetsgesang, der mit "Hadra, Hadra, Hadra" endete.
Zufrieden machte Faruk das Radio aus und sagte: "Es ist alles gut, alles wird gut."
Mike fragte nicht mehr. Er war todmüde und wollte endlich schlafen.
Kurze Zeit später, er schlief seit Tagen niemals fest, wurde er von einem Blitz hellwach. Aber es war kein Blitz. Es war wie ein Beschuss von Strahlenbündeln, und er konnte sehen, dass auch Faruk sie bemerkt hatte.
Der duckte sich tief in sein Bett und flüsterte: "Bitte nicht bewegen, nicht reden, auf keinen Fall bewegen."
Mike starrte auf die Strahlen wie in Hypnose. Er wusste auch diesmal instinktiv, dass von diesem Blitz etwas Gefährliches ausging. Die Türe des Zimmers zu ebener Erde war häufig offen. Auch nachts. Erstens war es warm und Zweitens konnte man so auf den Innenhof sehen und reagieren, wenn Unbefugte zum Haus wollten.

"Wenn du dich bewegst", erklärte Faruk später, "erfasst dich der Blitz und du wirst verbrannt. Mit dieser Macht können "Die" uns unterdrücken. Du weißt wirklich nicht, wohin du geraten bist, stimmts?", fragte Faruk.
Mike wusste auch in dieser Situation nicht, ob er das wirklich gehört und gesehen hatte oder das Erlebte träumte.
Ein auf das andere Mal überprüfte er seinen Verstand, kniff sich in den Arm, vergewisserte sich an vielen Kleinigkeiten, dass er logisch reagierte, Gesprächen folgen konnte und ....

Er hatte wohl schlussendlich dennoch etwas geschlafen. Als er erwachte, hörte er aus der Küche vertraute Geräusche der morgendlichen Vorbereitungen für das Frühstück.
Er stand auf, schleppte sich in das, was man großzügig Bad nannte und wollte duschen. Als er seinen Slip auszog vergaß er zu atmen. Die Innenseite war wieder voller Blut.
Entsetzt, dann mit einer aufsteigenden Kraft schrie er nach Faruk. Ohne Rücksicht auf die Familie und der damit verbunden, sehr strengen Etikette sprang er aus dem Bad und stellte sich mitten in den Hof.
"Faruk, komm sofort her, sieh dir das an, ihr Schweine, was macht ihr!?"
Bestürzt kam seine jüngere Schwester in den Hof gelaufen, gefolgt von der Mutter, und dann erschien Faruk. Er trat aus dem Raum, aus welchem die eigenartigen Morsezeichen ertönten und verschloss diesen auch sofort hinter sich.
"Was schreist du", herrschte er Mike an. "Ich blute wieder. Es ist so schlimm wie noch nie. Sofort fährst du mich zu einem Arzt oder besser, direkt in ein Krankenhaus", verlangte er.
"Gut, wir fahren zum Arzt. Zieh dich an und frühstücke, dann sehen wir."
Mike wollte nicht mehr essen. Vorbei waren die Zeiten ganz zu Anfang, als sie gemeinsam in ein Restaurant gingen, auf

dem Grill gebratenen Fisch mit Folienkartoffeln aßen oder in einem nur für Einheimische zugänglichen Restaurant Couscous, das Nationalgericht Tunesiens, mampften.
Jetzt stieg die Erkenntnis so klar, so deutlich in ihm hoch, nur bei Faruk hatte er gegessen, nur mit ihm war er unterwegs. Wer, wenn nicht er oder seine Familie, hatten Schuld an dem, was geschah. Sie waren die Übeltäter. Das sagte er jetzt wiederholt zu Faruk und der dementierte nicht. Nein, er nahm es wortlos und selbstverständlich an.
Sie fuhren vom Hof und auf die kleine, zur großen Route des Hotels führenden Straße. Unterwegs wurden sie von einem Neffen Faruks angehalten.
Sie sprachen schnell und unverständlich miteinander. Nur ein Wort wiederholten sie vier oder fünf Mal, AGRAB, der Skorpion.

Mike, im Sternzeichen des Skorpions geboren, hatte sich vor einigen Jahren einen kleinen, aber sehr prägnanten Skorpion auf seinen rechten Oberarm tätowieren lassen. Durch die wechselnden Blicke konnte Mike ausmachen, dass die beiden über ihm redeten. Obwohl nur sehr wenige Leute ihn je mit nackten Oberarmen gesehen hatten, wurde er seit kurzem "AGRAB" genannt.
"Was hat Sajar dir gesagt?", fragte Mike. "Nichts, er wollte nur reden", wich Faruk aus.
An der großen Straße angekommen, wollte er rechts abbiegen in die entgegengesetzte Richtung zur Stadt, in dem sich der Arzt oder das Krankenhaus befand.
Mike schrie Faruk an, er solle sofort die Richtung ändern. Als dieser keine Anstalten dazu machte, riss Mike die Wagentür auf und versuchte auszusteigen. Sofort reagierte Faruk. Er wendete und zischte durch die Zähne: "Was sollen die Leute denken, bleib drinnen, ich fahre dich."

Unterwegs beschloss er, Mike in das Krankenhaus zu bringen. Er wählte jedoch nicht das öffentliche, für alle zugängliche Haus, sondern fuhr einige Kilometer weiter zu einer privaten, leicht versteckt liegenden Klinik.
Als sie diese erreichten, hatte Mike schon wieder das Gefühl, sie seien erwartet worden. Eine der Kleidung nach erkennbare Krankenschwester kam auf die beiden zu, redete kurz mit Faruk, leicht beschwörend, und entfernte sich.

Die Beiden nahmen auf einer Couch nahe dem Eingang Platz und warteten.
Es gab so gut wie keinen Publikumsverkehr. Nachdem sie fast eine halbe Stunde gesessen hatten, kehrte die Schwester zurück, schüttelte den Kopf und tuschelte etwas zu Faruk.
Der zuckte mit den Schultern und sagte auf Deutsch: "Dann eben nicht."
"Sie können dir hier nicht helfen", fuhr er zu Mike gewandt fort. "Aber es hat mich doch keiner untersucht", protestierte der. "Egal, wir können hier nicht bleiben. Wir fahren zu einem anderen Arzt." "Dann will ich zu dem Franzosen, der kennt mich, zu dem habe ich Vertrauen", beharrte Mike.
"Nein, auf keinen Fall, wir gehen zu einem anderen, besseren Arzt", befahl Faruk.

Sie wendeten und fuhren zurück in das Stadtzentrum. In einer Seitenstraße, zwischen einem Café und einem Textilladen, war im ersten Stock eine Praxis untergebracht. Im Wartezimmer saßen Männer, die ihre Frauen brachten und auch mit in die Behandlung gingen, damit ihnen nichts Unanständiges passieren konnte.
Auf Mike wirkte dies, auch mit Rücksicht auf die Gebräuche des Landes, sehr rückständig.
Er wartete dennoch geduldig darauf, dass sich jemand um ihn

kümmerte und ihn untersuchte.
Stattdessen, ohne einen Grund, erschien der Sohn einer Tante von Faruk, welche in Frankreich lebte und für drei Monate zu Besuch in ihrer Heimat war.
Mike hatte ihn verschiedentlich gesehen, und Faruk hatte ihn jedes Mal als "nicht gut" bezeichnet.
Nun ging er direkt auf Mike zu und drohte in aggressivem Ton: "Wenn du etwas sagst oder dich beschwerst, kommst du hier nicht mehr raus. Denke daran, Frankreich ist nicht weit fort von Deutschland, und du bist vor niemandem sicher. Wir finden dich überall."
Mike verstand den Sinn der Worte nicht, er hatte nichts, rein gar nichts getan. Wusste er in den Augen der anderen etwas, das ihm selbst nicht bekannt war? Auch jetzt versuchte er wie so oft, sie davon zu überzeugen, dass er weder gefährlich war noch irgendetwas verraten wolle, was es auch sein mochte.
Der Neffe verlangte, dass Mike die Praxis verließe und nicht den Arzt konsultierte. Eingeschüchtert willigte dieser ein. Sie fuhren zurück zu Faruks Haus.
Dort angekommen sagte der: "Ich werde dich gesund machen. Meine Mutter macht dir eine Medizin, danach geht es dir wieder gut."
Mike rauchte eine Zigarette, setzte sich auf den Boden und starrte vor sich hin.
In der Küche nebenan bereitete die Mutter von Faruk etwas zu.

*

Kapitel V

Sie kam mit einem Glas, randvoll gefüllt mit einer gelben, durchsichtigen Flüssigkeit, in den Hof und reichte das Getränk Faruk mit einem wissenden, verschwörenden Lächeln.
Der stieß es Mike entgegen und sagte: "Trink alles auf einmal, sofort, du musst."
Mike nahm, sich innerlich sträubend, das Glas in beide Hände. Was sollte er jetzt tun? Wenn er nicht trank, entstand wieder ein offensichtliches Misstrauen und wurde zu einer Beleidigung gegenüber der Familie.
Trank er, riskierte er, seine Gesundheit noch mehr zu strapazieren. Trotz und Fatalismus stiegen in ihm hoch.
Er führte das Glas vorsichtig zum Mund und nahm einen winzig kleinen Schluck.
Noch niemals zuvor hatte er derart bitteres, Brechreiz aufkommendes Zeug geschluckt. Er knallte das noch volle Glas mit einer solchen Gewalt auf den Boden, dass die Scherben und der Inhalt hoch aufspritzten. Dann schrie er rasend vor Wut: "Du Schwein, ihr wollt mich vergiften, was gebt ihr mir zu trinken?!"
Faruk schaute ihn unbeeindruckt an. Seine Mutter eilte aus der Küche zurück auf den Hof, sah den Vorfall, blickte vorwurfsvoll mit dem Ausdruck "das habe ich ja geahnt" auf ihren Sohn und ging schuldvoll wieder hinein in ihr Reich.
Es dauerte keine 10 Minuten, da bekam Mike einen Krampf in seinem Oberbauch, welcher sich schlangengleich weiter nach unten fortsetzte und sich mit stechenden, reißenden Krämpfen in seinem Unterbauch, tief in der Nähe seiner Genitalien, festfraß. Er bäumte sich auf, stürzte zum Bad und riss sich seine Hosen herunter. In allerletzter Sekunde platzierte er sich und dann, in wellenartigen Spasmen, entleerte er sich.

Die Krämpfe jedoch blieben.
Als er zurückkehrte, starrte Faruk ihn an, als wäre er ein Geist. "So schnell wirkt das?", fragte er ungläubig. "Allah, das wusste ich nicht."
"Was hast du mir gegeben? Allah wird dich strafen. Dafür wirst du Ärger bekommen", stöhnte Mike. "Allah wird dich ganz sicher strafen", sagte er, sich ständig wiederholend.
Er erhielt keine Aufklärung über das, was er getrunken hatte. Es war so bitter und stechend in seinem Mund, er musste auch jetzt noch würgen, und er ekelte sich vor diesem Geschmack.
Erneut schossen Krämpfe in Wellen durch seinen Körper, und wieder musste er sich entleeren. Es entstand ein Geruch, der so bestialisch war, dass es hierfür keinen annähernden Vergleich gab.
Er schämte sich, fühlte sich krank und entehrt. Wilde Angst ergriff ihn. Er würde sterben. Das war sicher. Wie konnte er dieser Lage entfliehen?
Faruk zwang ihn, sich in den Wagen zu setzten, und sie fuhren zu Aisha.
Mike war nur mit einem T-Shirt, einer hellen, fast weißen Jeans und Schlappen bekleidet. Unterwegs wurde er geschüttelt von unerträglichen Krämpfen.
Ddd...t stand vor seinem Haus und wirkte zufrieden. Sein Sohn spielte in der Nähe mit einer Katze, und Aisha hatte offensichtlich Waschtag.
Als sie die beiden kommen sahen, wurden ihre Gesichter sehr ernst, und Faruk redete maschinengewehrartig auf sie ein.
Man bedeutete Mike, sich in den Schatten zu setzten, und sein Peiniger wollte in die Stadt, um einen Ring, welchen er sich hatte machen lassen, abzuholen. Dieser Ring sollte ihm Kraft geben. Erst später stellte sich heraus, dass er aus dem Material des gestohlenen Reifes war, welcher von Mike stammte und Faruk ihn belogen hatte, in dem er behauptete, sein ehemali-

ger Chef habe diesen gestohlen.
Faruk entfernte sich mit seinem Auto. Mike saß, an die Außenmauer des Hauses gelehnt, im Schatten.
Man ließ ihn in Ruhe. Ab del Kader, der Sohn, schaute ihn ängstlich und fürsorglich an und fragte seinen Vater, was mit ihm geschehen sei. Der gab ihm jedoch keine Antwort und machte mit einer abwinkenden Handbewegung klar, dass er nicht darüber sprechen wolle.
Nachdem er eine halbe Stunde gesessen hatte, froh, dass ihn niemand störte, näherte sich Ab del Kader mit einer Flasche Wasser. Er reichte sie Mike und nickte aufmunternd und mit beruhigender Geste, so als wolle er sagen, "du kannst ohne Angst trinken." Das tat er, und seit langem hatte er die Gewissheit, dass er sauberes, gutes Wasser trank.
Die anfänglichen krampfartigen Schmerzen in seinem Unterleib waren einem dumpfen, ziehenden Stechen gewichen. Andauernd in Angst, er müsse sich entleeren, bewegte er sich kaum. Ddd...t kam in seine Nähe und betrachtete ihn wie ein Stück Vieh. Er sprach nicht mit ihm, sondern nickte mehrmals vielsagend mit dem Kopf. Mike fand keinerlei Deutung dafür.
Endlich kehrte Faruk aus der Stadt zurück, triumphierend den Ring in der Hand, hoch über seinen Kopf gestreckt.
"Jetzt bin ich stark, jetzt habe ich deine Kraft. Du wirst sehen, was ich mit dir vorhabe", rief er euphorisch aus.
"Morgen werden wir, du, die Familie von Ddd...t und meine Familie nach Libyen fahren. Dort ist eine heilige Stätte, an der wir beten werden. Man muss mit einem Boot zu einer Insel fahren. Dort werden wir ein Lamm opfern und gemeinsam essen."

*

Der nächste Morgen war heiß, und die Sonne glühte schon früh vom schwarz-blauen Himmel.
Faruk hatte, für Mike unverständlich, dessen Reisetasche in den Kofferraum seines Wagens gepackt.
Er lud seine Mutter, die Schwester und ihn in das Auto. Dann fuhren sie zu Aishas Haus. Dort wartete ein Mann Namens Fathi, der den Rest, nämlich Aisha, Ddd...t und Ab del Kader, in seinem Wagen mitnahm.
Fathi, ein kleiner, gekrümmter Textilhändler, hatte in der Innenstadt ein winziges Geschäft. Ab und an saß er abends ebenfalls bei Aisha. Er glaubte, von etwas Bösem befallen zu sein. Deshalb steckte er ihr ein wenig Geld zu, und dafür musste sie ihn mit Tees und ins Feuer geworfenen Kräutern, reinigen.
Er hatte helle, fast blau scheinende Augen und einen bald kahlen, an den Seiten mit dunklen Haaren spärlich bewachsenen Kopf. Der Mund mit vollen Lippen war ständig grämlich nach unten gezogen. Sein schmächtiger Körper machte den Eindruck, als leide er unter einer starken Lebererkrankung.
Mike gegenüber verhielt er sich höflich. Oft fragte er ihn, ob er nun in Tunesien bleiben wolle. Eines Abends hatte er versucht, Mike mit Andeutungen, dass ihm eventuell Böses geschehen werde, zu warnen.
Aisha hatte dies mitbekommen und fauchte ihn an. Danach hatte Mike ihn mehrere Tage nicht gesehen.
An diesem Morgen nun machte er den Eindruck, als wäre er nicht ganz freiwillig an dem Ausflug beteiligt. Er grüßte knapp und mit ängstlichem Gesicht.
Sie fuhren im Konvoi zur libyschen Grenze, zunächst in die Richtung, welche Faruk genommen hatte, als sie vor Wochen nach dem Heiligtum Sajar gereist waren.
Linkerhand von der Straße, eine richtige Grenze gab es so nicht, stand der schon bekannte Wachturm aus Holz, besetzt

mit den beiden Polizisten. Diese ließen sie genau wie beim letzten Mal mit einem Handwinken passieren.
Nach einer halben Stunde Fahrt, vorbei an dem flachen, mit Schilf bewachsenen See, erreichten sie das Ufer eines anderen, weitaus größeren Gewässers.
Dort stand eine Holzhütte mit zwei Bänken, in der man auf die Fähre warten und sich vor der gleißenden Sonne schützen konnte.
Die Gruppe stieg aus und bewegte sich auf die Holzhütte zu. Faruk öffnete den Kofferraum, nahm die Tasche von Mike heraus, überlegte kurz und stellte sie zurück.
Mike hatte eindeutig das Gefühl, Faruk suche einen Weg, ihn verschwinden zu lassen. In Libyen an der Grenze fragte sicher niemand nach einem Deutschen.
Er hatte durchgehend Schmerzen. Sie begleiteten ihn, und er wünschte sich nur, diese Krämpfe sollten aufhören. Seit dem gestrigen Tag aß er ganz wenig, ein Stück trockenes Brot, ab und zu einen Joghurt. Wenn er es ermöglichen konnte, trank er ein bis zwei Flaschen Wasser täglich.
Er vertrug jetzt kein anderes Essen mehr, hatte gleichzeitig auch Angst, etwas Präpariertes zu bekommen.
Nun saß er zusammengekauert auf dem Boden, abseits von den anderen, und nuckelte an seiner Wasserflasche. In der Ferne hörte man das Tuckern eines Motorbootes, welches schnell näher kam.
Als das Boot am Ufer anlegte, konnte Mike drei bärtige, mit Turbanen um den Kopf gewickelte, wild aussehende Männer erkennen.
Einer von ihnen sprang aus dem Boot und kam direkt auf die Gruppe zu. Faruk sprach mit ihm. Der Kerl nickte, zeigte dann auf Mike und schüttelte den Kopf.
Faruk packte ihn an den Armen, redete heftig auf ihn ein und steckte ihm einen Geldschein zu.

Dann wandte er sich Mike zu. "Es ist gefährlich, dich mit zu nehmen. Du bist kein Moslem. Wenn dich jemand als Fremder erkennt, könnte es zu Gewalttaten kommen. Bitte, ab jetzt darfst du nur noch mit mir reden. Aber nur arabisch und ganz leise." "Warum soll ich denn mit euch gehen, wenn das so gefährlich ist?", fragte Mike. "Du musst", war die Antwort.
Sie stiegen alle gemeinsam in das Boot, argwöhnisch beäugt von der Mannschaft. Mike setzte sich dicht neben Faruk direkt vorne in den Bug.
Auf dem Weg über den See, er dauerte fast eine Stunde, wurde kein Wort gesprochen. Das Wasser glitzerte in der Sonne und sprühte, vom Bug des Bootes geteilt, in die Luft. Dann, nicht weit entfernt, sah man eine Insel auftauchen. Sie fuhren direkt darauf zu. Man konnte einen riesigen Landungssteg erkennen mit einer großen Wartehalle, in der sich Hunderte von Menschen niedergelassen hatten.
Frauen, in Schleier gehüllt, teilweise mit Pluderhosen bekleidet, farbige Männer mit einem Fez auf dem Kopf und viele Kinder warteten auf die Ankunft und die Abfahrt verschiedener Boote.
Mike empfand das malerisch, und er fühlte trotz seines Zustandes einen kleinen Nervenkitzel, hervorgebracht durch die für ihn verbotene Situation.
Schnell durchquerte die Gruppe, von der Menge wenig beachtet, die Halle und lief, am Ausgang angekommen, eine kleine Anhöhe hinauf.
Hoch in einen Berg geschmiegt waren verschieden Gebäude auszumachen. Als sie näher kamen sah Mike, dass zwei Gebäude mit einer Brücke verbunden wurden. Rechts davon, deutlich tiefer gelegen, ging ein breiter Weg zu einer riesigen Höhle.
Diesen Weg schlugen die Männer ein, während die Frauen sich weiter hinauf zu den Gebäuden bewegten.

An der Höhle angekommen, erstarrte Mike. Sie gähnte mit einem Loch von gut 10 Metern Höhe und etwa 20 Metern Breite. Die äußeren Wände waren rußig, und es roch nach Verbranntem.

Zögerlich folgte er den anderen in das Innere. Hier lagen Kleidungsstücke verteilt in den Ecken, rechts, in einer Mulde gelegen, Berge von Hemden, Schuhe und Mäntel, teilweise verbrannt. Ihn ergriff Panik. Was waren hier für Menschen? Was sollte das Ganze? Leise fragte er diesmal Ddd...t. Dieser gab keine Antwort. Es erhielt keinerlei Erklärung für das, was er sah.

Alle anderen Besucher fanden es jedoch normal, und so beschloss er, das Gleiche zu tun.

Nach einer viertel Stunde Aufenthalt im Inneren verließen die Männer die Höhle und gingen ebenfalls den Berg hoch, in Richtung der Gebäude. Dort trafen sie wieder auf die Frauen. Diese standen in einer Empfangshalle und wurden von verschleierten Wesen betreut. Die Schuhe mussten ausgezogen werden, man bekam eine Kerze in die Hand, und dann wurde die Brücke zur anderen Seite überquert. Rechter Hand stand eine Kapelle. In diese gingen sie hinein, und Mike konnte einem Stein ausmachen, in der Mitte der Halle platziert, ähnlich dem eines Altares.

Auf diesem Stein lagen ebenfalls Kleidungsstücke. Weihrauch schwebte in der Luft, und an den Wänden waren Teppiche befestigt.

Sie umkreisten den Stein mehrmals. Die Männer warfen Münzen auf die Kleidung. Die Kerzen wurden angezündet, und in einer Nische, ähnlich einem weiteren Altar, deponiert. Nach dieser Zeremonie verließen sie gemeinsam mit den Frauen den Raum.

Mike musste sich dringend entleeren. Er hatte Angst, eine Toilette aufzusuchen. Die Schmerzen steigerten sich dann unerträglich, und er glaubte jedes Mal, er laufe quasi aus. Er fand eine öffentliche Stätte und starb, sowohl innerlich wie äußerlich. Er kehrte bleich zurück und wurde von Faruk mit den anderen in einen großen Saal bugsiert. Überall saßen kleine Gruppen zusammen. Sie hatten Getränke vor sich stehen und einen riesigen Teller in der Mitte, der mit Lammkeulen und gebratenen Innereien angehäuft war.

Die Gruppe schlängelte sich durch, bis sie einen kleinen, freien Platz fast am Ende des Saales fanden.
Sie setzten sich mit gekreuzten Beinen, die Frauen mit seitlich gelegten Füßen, und warteten. Ein Mann, gekleidet in schwarzer Hosen, roter Schärpe und weißem Hemd, näherte sich ihnen mit dem Gehabe eines Kellners.
Faruk schien etwas zu ordern. Nach einer Ewigkeit kam der Bedienstete zurück, ein Tablett mit Fleisch balancierend. Es wurde gegessen, und Mike griff ebenfalls nach einer Lammkeule.
Mit einem Mal entstand im Saal eine plötzliche Unruhe. Das Stimmengewirr wurde lauter, und er sah, dass fünf Meter entfernt ein Mann aufgestanden war, der ein Messer in seiner Hand hielt und festgehalten wurde von seinen Begleitern.
Sein Freund sprang auf, zog Mike am Ärmel und schrie: "Schnell raus hier, sie wollen dich umbringen. Sie haben bemerkt, dass du kein Araber bist. Ich werde ihnen sagen, dass du mein Bruder bist, hier zu Besuch aus Deutschland und dass du ebenfalls Moslem bist."
Ddd...t, Faruk und die Frauen bildeten einen Kreis um Mike und verließen, ihn sichernd, hastig den Saal.
Er fragte sich ständig, warum man ihn hier schützte, auf der anderen Seite jedoch schlimmsten Schaden zufügte. Warum sie sich selbst in solche Gefahr brachten? Er kam zu keiner Erkenntnis.

Sie liefen, von Faruk angetrieben, zurück in das Gebäude, dort wo ihre Schuhe standen, zogen diese eilig an, und mit raschen Schritten ging es wieder bergab.
Jetzt durften sie nicht laufen, das wäre zu auffällig gewesen. Der Ansatz eines Angriffs im Saal war für muslimische Verhältnisse schon sehr aggressiv.
Sie wurden von einer Gruppe Männer beobachtet, die ihnen beim Abstieg nachschauten, aber es gab keine weiteren Anzeichen einer eventuellen Tätlichkeit.
Aisha und die Mutter von Faruk schlugen sich zum wiederholten Male die Hände vor ihr Gesicht. Sie hatten Angst, und gleichzeitig richteten sie Vorwürfe gegen ihn.
Dieser ging mit starr nach vorne gerichtetem Blick weiter, kein Wort erwidernd.
Sie erreichten den Landungssteg und schauten sich vorsichtig und sichernd um.
Es war ihnen keiner gefolgt, und offensichtlich hatte auch keiner nach unten eine Nachricht erhalten.
Eng beieinander stehend warteten sie auf ein Boot, das sie zurück zum Festland bringen sollte. Ab del Kader, sonst eher unruhig und nervig, war ausgesprochen still. Er konnte die Vorgänge nicht begreifen, spürte aber, dass es besser wäre, keine Aufmerksamkeiten in Richtung der Gruppe zu lenken.
Nach einer Ewigkeit erhielten sie alle einen Platz in einem anderen, größeren Boot und wurden zurückgebracht. Die Bootsführer schauten grimmig, und die übrigen Passagiere rückten, der kleinen Gruppe die Schultern zeigend, von ihnen ab.
An der Holzhütte mit dem Bootssteg angekommen, stiegen sie in die Autos und fuhren wortlos zurück nach Zarzis.
Mike wollte seine Reisetasche bei der Ankunft aus dem Wagen laden. Sie war nicht mehr da. "Wo ist meine Tasche geblieben?", fragte er Faruk. Er erhielt keine Antwort.

Mike stellte für sich die Vermutung an, dass es so aussehen solle als sei er verschwunden. Faruk musste die Tasche mit Absicht von einem informierten Mitwisser entfernt haben lassen. Er konnte dann sagen, Mike sei in Libyen geblieben. Dafür hatte er ja mehrere Zeugen.
Faruk stand unter einem riesigen Druck. Mike konnte nicht beurteilen, welche von den gegen ihn gerichteten Aktionen direkt von Faruk ausgingen, oder ob dieser mit Angriffen auf sein Leben beauftragt wurde. Oft glaubte er, dass eine Mischung von beidem zutraf.
Als sie den Aufenthaltsraum des Hauses betraten, saß dort der soeben aus Deutschland angereiste Bruder Mohammed mit seiner Familie.
Er machte einmal im Jahr in seinem Heimatland für knapp zwei Monate Urlaub und lebte in Berlin.
Er erhob sich, kam auf Mike zu und begrüßte ihn mit einem überlegenen Grinsen. Er war stämmig gebaut, hatte ein offenes Gesicht, dunkle, kurzgeschnittene Haare und das Gehabe eines deutschen Angebers.
Seine Frau, ebenfalls Deutsche, dick und blond, saß bleich und emotionslos in einer Ecke des Raums, drapiert von zwei kleinen Kindern.
"Du musst hier nicht so viel denken. Wir sind alle eine Familie und halten zusammen. Wenn du dich ruhig verhältst, wird dir nichts geschehen. Rede mit keinem. Es wird dir auch keiner glauben. Solltest du nach Deutschland zurückkommen, werde ich auf dich aufpassen. Ich habe viele Freunde dort."
Mohammed sagte dies mit einem drohenden Unterton und schmalem Lächeln im Gesicht. Wie konnte dieser Kerl, gerade angekommen, so viel über ihn wissen? War er mit in die Intrige verwickelt? Mike schaute zu der dicken Blonden und versuchte mit Blicken, ihre Solidarität zu erhalten.
Sie sah ihn jedoch nur dumpf an und schien selbst vor etwas

Angst zu haben.
Mike war nicht, wie es den Aschein hatte, ein von sich eingenommener Mensch. Er hatte gelernt, alle Dinge von mehreren Seiten zu betrachten, ehe er seine Ansicht vertrat.
Durch den vergangenen Aufenthalt in der Türkei wurde ihm häufig bestätigt, dass Situationen mit dem damit verbundenen Verhalten der jeweiligen Personen nicht direkt zu kommentieren waren.
Vieles schien auf den ersten Blick anders als es sich später darstellte.
Deshalb wartete er auch hier so sträflich lange, um einen endgültigen Beweis für die haarsträubenden Anschuldigen, die er gegen Faruk erhob, in Händen zu halten. Fakt war, Faruk hatte ihm ein Getränk gegeben, von dessen Mutter zubereitet und mit teuflischer Wirkung in seinem Körper.
Die ganze Zeit vorher fühlte er sich mehr oder weniger den einfach anmutenden Berbern überlegen. Er hatte einerseits Respekt vor den Traditionen anderer Völker und wollte nicht durch ängstliches Verhalten Misstrauen signalisieren. Dass Faruk sein Geld wollte war ihm klar. Das rechtfertigte in seinen Augen jedoch andererseits keinen Mord oder Giftanschlag.

Er hätte Wochen vorher Zeit gehabt, die ganze Geschichte zu beenden. Er wäre zurück nach Deutschland gegangen und sein Geld in Tunesien geblieben.
Das aber bedeutete ein Aufgeben in seinen Augen. Mike gab jedoch niemals auf. Er wurde so erzogen und hatte sich diese Tugend beibehalten und in anderen Situationen mit Erfolg eingesetzt.
Einen tieferen Grund für sein Bleiben suchte er in Faruk. Er wollte hundertprozentig wissen, warum der ihn belog und wie weit dieser gehen würde. Er hatte eindeutig mit Fundamen-

talisten zu tun, welche seines Erachtens zusätzlich, und das schien sich aufzuheben, mit Teufelskult in Verbindung zu bringen waren.
Diese Vermutungen, wenn sie von Mike geäußert wurden, dokumentierte Faruk mit Gleichmut und mit der lapidaren Erklärung: "Du wirst schon sehen."
Sein Zögern hatte jedoch zur Folge, dass das Netz um ihn von Tag zu Tag enger wurde. Er wohnte in der Familie Faruks, abgeschirmt von der Öffentlichkeit. Er war nie, auch nicht für eine Stunde, alleine. Telefonieren war nicht mehr möglich, da er nur wenig eigenes Geld besaß, und in ein Hotel laufen und um Hilfe bitten fand er auch in seiner jetzigen Situation absurd. Selbst wenn er es gewollt hätte gab es keine Chance, einfach in einen Hotelkomplex zu gehen und zu sagen: "Hilfe, ich werde vergiftet und gefangen gehalten."
Nachdem er das gelbe Gebräu mit der fatalen Wirkung probiert hatte, war er sowieso nicht mehr in der Lage sich zu wehren. Er hatte diese permanenten Schmerzen mit dauernden, eruptionsartigen Entleerungen, welche ihn fast ohnmächtig werden ließen. Seine Kräfte schwanden täglich. Nur sein Verstand wurde wacher und wacher. Er versuchte, sich schnell auf die wechselnd neuen Situationen einzustellen. Seine geistige Kraft wurde ja auch erkannt und jedes Mal aufs Neue von Faruk angesprochen. Diese Stärke nutzte er auch in dieser Lage.
Er ging auf Mohammed zu, sah ihm fest in die Augen und drohte: "Du lebst in Deutschland. Wie kannst du glauben, dass, wenn ich zurückgehe, keiner von deinem Verhalten erfährt? Ihr könnt mich hier nicht einfach umbringen. Paul wird nach mir fragen, meine Freunde in Deutschland werden mich suchen, wenn sie nichts mehr von mir hören. Ich habe Anweisung gegeben, die deutsche Botschaft zu benachrichtigen, wenn ich mich nicht mehr melde."

Das war gelogen. Mohammed wurde jedoch unsicher und sah fragend nach Faruk. Dieser winkte ihm, und sie gingen in den "Morseraum". Gleichzeitig versuchte Mike, die blonde Deutsche zum Reden zu bringen.
"Wie können Sie wortlos zusehen, was mit mir geschieht. Sie müssen mir doch helfen", flehte er.
"Meine Kinder haben einen tunesischen Pass, und ich würde sie niemals wiedersehen, wenn ich mich gegen Mohammed stellen würde", gab sie zur Antwort.
Sie schaute eingeschüchtert zur Seite, und Mike begrub den Glauben, sie würde ihm, wenn auch nur passiv, helfen.
Die beiden kamen zurück und verkündeten, dass am nächsten Morgen die belgische Freundin von Jussuf, ebenfalls ein Bruder der beiden, mit ihrer ganzen Familie eintreffen werde. Mike sah einen Hoffungsstrahl. Er hatte diese Freundin in Deutschland kurz kennen gelernt. Sie war damals mit ihrem Vater für drei Stunden nach Köln gekommen und hatte dort Faruk besucht. Ihr und der Familie musste er alles erzählen. Sie würden ihm sicherlich helfen.
Spät am Abend traf Jussuf, von seiner Arbeit kommend, ein. Er arbeitete als Animateur in einem Hotel und hatte sich einen Tag frei genommen. Normalerweise wohnte er auch in dem Komplex und kam nur einmal im Monat in sein Haus.
Privat blieb er sehr still und abweisend. Man hatte den Eindruck, er wolle mit seiner Familie nicht viel zu tun haben. Faruk als der ältere Bruder wurde als Chef anerkannt und hatte in allem das Sagen. Er verbot Jussuf, mit Mike zu reden. Dann forderte er Mike auf, sich in den Wagen zu setzen, und sie fuhren nochmals zu Aisha.
Bei Aisha war ungewohnte Hektik. Mehrere Mike unbekannte Personen waren im Haus anwesend. Es wurde lautstark diskutiert. Faruk eröffnete Mike, dass sie am nächsten Morgen eine lange Reise unternehmen müssten und die Anwesenheit

von ihm unbedingt erforderlich sei. Mike wollte Details wissen, erhielt aber wie so oft keine Antwort.
Er würde die belgische Familie nicht treffen können. Verzweifelt überlegte er, was anzustellen sei, damit man sich begegnete. Er glaubte die ständigen Reisen, welche für ihn keinen Sinn ergaben, nicht mehr verkraften zu können, und das Zittern in seinem Körper gab ihm Recht. Die Nacht verbrachte er erstaunlich ruhig. Die Schmerzen waren da, ständig, unaufhörlich. Es kam aber zu keinen extremen Krämpfen, und vom Badezimmer blieb er ebenfalls verschont.

*

Es wurde von lauten Gesprächen, aus dem Innenhof kommend, geweckt. Faruk stand mit Jussuf und Mohammed zusammen und stritt sich mit ihnen über Mike.
"Wir werden Ärger bekommen", zischte Mohammed. "Ich will damit nichts zu tun haben, wenn jemand was erfährt, verliere ich meine Arbeit", sagte Jussuf.
"Allah wird euch alle strafen", schrie Mike sofort aufgebracht.
"Geh duschen, wir fahren gleich", gab Faruk zur Antwort.
Mike glaubte nun, dass er eine Chance hatte, die Brüder gegenseitig auszuspielen und so einen Weg für sich zu finden, gerettet zu werden.
Nachdem er geduscht hatte, fuhren sie, ohne zu essen, nach Zarzis und zu Aishas Haus.
Die Türen waren weit geöffnet, im Rahmen stand Ddd...t, wie ihn Mike noch nie zuvor gesehen hatte. Er trug einen weißen Burnus mit einem zusätzlich hinein gewickelten, dunkelgrünen Schal. Dazu hatte er eine weiße Jellaba an, weiße Hosen und Schuhe an den Füßen. Ein seliges Lächeln zog sich über sein tiefbraunes Gesicht. Hinter ihm stand Aisha. Sie war in ein langes, blaues Gewand gekleidet, und über ihr Haar hatte

sie ein weißes, golddurchwirktes Tuch gebunden. Mike fragte sofort nach der Bedeutung dieser Veränderung. "Sie gehen heute zu ihrer Familie. Es ist ein großer Tag für die beiden. Ddd...t darf in die Öffentlichkeit zurück und du wirst ihnen dabei helfen", erklärte Faruk feierlich. Mike begriff zwar nichts, stellte aber auch keine weiteren Fragen, auf die es, wie gewohnt, auch keine Antwort geben würde.
Fathi der Textilhändler kam mit seinem Auto vorgefahren. Auch er war festlich in einen hellbraunen Anzug gekleidet. Mike in Jeans und T-Shirt fühlte sich unpassend gekleidet und bat darum, sich umziehen zu dürfen. Faruk erklärte kurz, er wolle mit Mike zurück zum Haus.
Sie kehrten um und fuhren in Richtung Innenstadt, als Mike einen reißenden Schmerz in seinem Unterleib spürte. Es entstand so plötzlich, dass er aufschrie. "Was hast du?", fragte Faruk. "Es ist unerträglich. Bitte halte an", stöhnte Mike gequält. "Was hast du mir um Gottes Willen gegeben?"
"So etwas wie Radioaktivität. Es ist nicht schlimm. In ein paar Wochen wird das alles in dir verschwunden sein", offenbarte Faruk.
Mike war entgeistert. "Radioaktivität? Das ist doch tödlich. Mindestens bekommt man davon Krebs. Was ist das für ein Mittel und von wem hast du es?"
Mike stotterte vor Aufregung. "Das darf ich dir nicht sagen. Es hilft den anderen. Es bleibt so lange in dir bis alles vorbei ist." Faruk sah Mike besorgt an: "Dass die dich so nutzen können, hätte ich nicht gedacht."
In Mikes Kopf rasten die Gedanken. Er hatte Angst und Panik. Er würde sterben, das wurde ihm immer deutlicher. Wer hatte Faruk beauftragt, ihm etwas derart Unglaubliches einzuflößen? Oder waren das nur Entschuldigungen von Faruk, um sein Gesicht vor der Geldgier zu wahren? Wie würde er je aus den Fängen dieser Leute entfliehen können?

Als sie sich weiter von Aishas Haus entfernten, zog etwas in Mike so schmerzhaft, als wenn mit einem Magneten sein Inneres heraus gezogen würde.
Faruk entschloss sich, umzukehren. Er berichtete Ddd...t von dem Vorfall, und dieser nahm Mike in seine Arme und wiegte ihn, streichelte über seinen Kopf und tätschelte seine Wange.
"Du wirst ihnen heute sehr helfen. Du wirst sehen", prophezeite Faruk.
Fahti nahm die Familie in sein Auto, und Mike und Faruk fuhren ihnen hinterher. Wie zum Test fuhr Fathi plötzlich schneller und Mike wurde in Fahrtrichtung förmlich nach vorne gezogen. Er konnte sich nicht erinnern, je solche Schmerzen gehabt zu haben.
Sie nahmen die Straße nach Medenine, welche Mike schon mehrmals befahren hatte. Es war eine breite, verkehrsreiche Straße und führte durch die Stadt hindurch und weiter, quer durch den Süden über das große Salzschott, bis an den anderen Küstenstreifen und die Stadt Mides.
Medenine selbst lag auf einer Anhöhe, und bevor man die Stadt erreichte, fuhr man durch ein tiefes Tal, bewachsen mit Dattelpalmen und den typischen Eukalyptushainen.
Das Weiß der Häuser gleißte in der Sonne, und malerisch lag die Landschaft unter dem tiefen Blau des Himmels. Für eine kurze Zeit vergaß Mike seine Lage. Das Licht, die Bilder des Orients, faszinierten ihn auch jetzt noch. Wie könnte es doch herrlich sein hier zu leben, wenn nicht das böse, teuflisch andere Bild wäre.
Sie erreichten den östlich gelegenen Stadtkern, und der vor ihnen fahrende Fathi bedeutete, an einer Tankstelle zu halten. Hier wurde sich kurz beratschlagt. Fathi tankte, und währenddessen bekam Mike kolikartige Schmerzen. Er bat Faruk, eine Toilette aufsuchen zu dürfen. Dieser wollte ihn jedoch nicht aussteigen lassen und befahl ihm, im Wagen zu bleiben.

Das Auto von Fathi entfernte sich und gleichzeitig wurden Mikes Schmerzen größer.
Faruk tankte ebenfalls, bezahlte hastig und versuchte, die anderen einzuholen. Als sie in die Nähe des vor ihnen fahrenden Wagens kamen, wurden die Krämpfe in Mikes Gedärm schwächer. Was war das? Gab es ein Signal im anderen Wagen, welches Mike beeinflussen konnte?
Die Straße verlief schnurgerade. In einem Kilometer Entfernung schien man eine Brücke über der Straße auszumachen. Direkt an dieser Brücke sah Mike Militär und Polizei stehen. Offensichtlich gab es Fahrzeugkontrollen.
Vor ihnen fuhr Fathi. Plötzlich steigerte dieser die Geschwindigkeit und Faruk blieb, wie absichtlich, zurück. Der Wagen vor ihnen raste durch die Kontrolle und wurde nicht beachtet. Mike katapultierte, als risse man ihn an den Haaren, hoch, unter den Autohimmel mit einem derartigen Reißen in seinem Körper, welches nie mehr eine solche Intensität hatte. Er schrie in Lebensangst auf und entlud sich mit einer wahrhaften Explosion in seine Hosen, genau auf dem Punkt, als sie ebenfalls mit ihrem Wagen durch die Kontrolle fuhren.
Schamwindend, entsetzt und mit Todesangst sah er Faruk an. "Bitte, bitte, hilf mir", flüsterte er. "Was macht ihr mit mir. Ich werde sterben."
"Das wirst du nicht." Völlig teilnahmslos kamen die Worte von ihm. Ihn störte weder der atemnehmende, in der Hitze kaum noch zu ertragende Geruch im Wagen, noch die Verzweiflung von Mike.
Sie fuhren etwa zwei Kilometer weiter, als sie den Wagen von Fahti am Straßenrand stehen sahen. Vier Meter vorher hielt Faruk an, lief zu den Insassen und redete kurz auf diese ein. Er kam mit zwei Wasserflaschen zurück, befahl Mike, sich hinter einem Strauch auszuziehen und duschte ihn mit dem Wasser

ab. Der wollte im Boden versinken. Gleichzeitig wurde er so apathisch, dass ihm alles egal war.
Aisha lief zu ihnen herüber, brachte eine Decke mit, und zu Mike gerichtet sagte sie: "Inter behi, inter Hadra kebir"(du bist gut, du bist gewaltig heilig).
Mike hüllte sich, drunter nackt, in die Decke, und sie fuhren im Konvoi die unendliche Straße entlang. Gegen Mittag erreichten sie einen kleinen Ort. Straßenschildern entnahm er, dass sie in der Nähe von Douz waren, einer Stadt am Rande des Schotts.
Sie fuhren zu dem einer Kaserne ähnlichen Gebäude, vor dem sich eine Gruppe von Männern und Frauen versammelt hatte. Sie begrüßten die Ankommenden herzlich und mit vielen Umarmungen. Mike, vollkommen schwach und sich immer noch bis an die Haarspitzen schämend, wurde mit einer Liebe begrüßt und mit gleichzeitiger Achtung angesehen, als hätte er Leben gerettet. Hatte er das? Ihm wurden die Hände geschüttelt, als wenn schon in den Nachrichten von ihm berichtet worden sei.
Nicht begreifend, fragte er nach einem Bad. Eilig wurden ein paar Kleidungsstücke, Hemd und Hose von einem der dort lebenden Männer gebracht und Mike von einer Frau zu einem relativ komfortablen Bad geleitet.
Er stellte sich unter die Dusche und seifte sich selig und erschöpft zugleich ein.
Am liebsten wäre er für alle Zeiten unter dem Wasserstrahl geblieben. Er fühlte sich, als wenn alles Erlebte abzuwaschen sei.
Es klopfte an die Badtür, und er wurde, diesmal von einem Mann, aufgefordert zu kommen. Die geliehenen Hosen passten, und das Hemd roch nach scharfer Seife.
Sie gingen in das Atrium des Hauses. Hier war ein riesiger Tisch aufgebaut. Essen, Getränke und Süßspeisen quollen

über auf der Tischplatte, und die ganze Sippe hatte sich darum versammelt. Es schien, als warteten sie auf Mike.
Alle klatschten in die Hände, und von den Kleinkindern lief eines auf ihn zu und fasste ihn, mit riesigen Augen anschauend, bei der Hand.
"Bitte iss, es ist alles "sauber", munterte ihn Faruk auf. "Die Menschen hier wissen was du getan hast. Deshalb lieben sie dich. Es ist die Familie von Ddd...t und Aisha."
"Aber die kennen mich doch nicht", zweifelte Mike. "Wer hat ihnen von mir erzählt? Was habe ich Gutes getan und wenn, weshalb geht es mir dann so schlecht?"
Er glaubte wie schon so oft, wahnsinnig zu werden. Er bekam keinen Sinn in das, was sich schon seit Wochen abspielte.
Es wurde gegessen, und selbst Mike hatte nach langer Zeit Appetit und langte angstfrei zu. Kaum hatte er die ersten Bissen herunter gewürgt, wurde er wieder von einem Krampf überfallen. Die anfängliche Entspanntheit wich sofort erneuter Angst und Zweifel.
Ddd...t stand auf und forderte die Weiterfahrt. Es gab eine große Verabschiedung, und dann fuhr die Gruppe in Richtung Gafsa. Die Stadt lag oberhalb und etwa 160 Kilometer von Douz entfernt. Sie fuhren schnell und zügig. Mike war so schwach, dass er kaum etwas registrierte.
Als sie Gafsa erreichten, besuchten sie umgehend ein Heiligtum. Sie gingen in den Moscheebereich. Dort stand ein Wächter, welcher Mike den Eintritt verwehrte.
Faruk redete schnell auf den in Fez und Jellaba gekleideten Mann ein. Danach ließ er Mike freundlich lächelnd passieren.
Es gab auch hier einen Opferstein in der Mitte einer riesigen Halle, Teppiche an den Wänden und Ikonen ähnelnde Bilder, eine Seltenheit im muslimischen Bereich.
Nach wenigen Minuten des Verweilens verließen sie die heilige Stätte. Mike konnte noch schnell die öffentlichen

Reinigungsräume aufsuchen, um seinen ständig wiederkehrenden Entleerungen gerecht zu werden.
Er konnte nicht glauben, dass noch irgendetwas in ihm sei, vielmehr hatte er die Befürchtung er löse sich von innen auf.
Er hatte in den letzten Wochen bei Fahrten im Wagen jedes Mal versucht, mit Faruk klärende und erklärende Gespräche zu führen.
Er hatte gefragt, ob er wegen des Geldes so leiden müsse. Er wollte wissen, warum ihn viele Menschen so ansahen, als wüssten sie von ihm. Er wollte wissen, ob es eine Chance für sein Leben gebe. Die Antworten waren stets gleich.
"Du wirst sehen. Es wird dir nichts geschehen. Ich kann dir jetzt nichts sagen. Später erfährst du alles. Deine Seele muss hier bleiben. Ich bin auch in Gefahr, sie brauchen dich."

Mike hatte aufgehört, weiter zu hinterfragen. Ihn interessierte nur noch, wie er lebend aus dieser Misere entkam.
Es gab auch Drohungen von Faruk. "Pass auf, dass deiner Freundin Juliana nichts passiert. Du hast ja ein Bild von ihr. Hoffentlich bleibt deine Mutter gesund. Unsere Macht geht weit. Wir haben auch Freunde in Deutschland, welche uns helfen. Du kannst keinen Schritt unbeobachtet machen, und du kannst nie sicher sein, ob du das alles wirklich überlebst."
In diesen Situationen empfand Mike einen überwältigenden Hass für Faruk.
Er verdammte sich selbst, in eine solche Lage gekommen zu sein. In seinen Fantasien sah er die Verantwortlichen vor Gericht und mit hohen Strafen belegt. Gleichzeitig fühlte er die konstante Ohnmacht, nicht handeln zu können, und er verfiel in die gewohnte Gleichgültigkeit.
Jetzt, hier in Gafsa, war er nur müde und schwach. Es wurde sich kurz beraten, und die Fahrt ging weiter. Man gelangte an eine riesige Talsperre, über deren Mauer die Straße führte.

Weiter, immer weiter fuhren sie, rechts und links Wüste und weit entferntes Gebirge liegend, und Mike sah Straßenschilder mit dem Namen Touseur.
Gegen Abend, die Sonne wurde schon gelber, fuhren sie auf einer breiten, mit spärlichen Palmen bepflanzten Straße in den Kern von Touseur.
Hier schien die Zeit um nochmals hundert Jahre zurück gedreht. Frauen, verschleiert von Kopf bis zu den Füßen, teilweise Ledermasken mit Sehschlitzen vor den Augen tragend, huschten über die Straße. Die Männer, fast einheitlich in Beduinengewänder gehüllt, saßen vor den kleinen Cafés auf wackeligen Stühlen, und es gab kaum Autoverkehr.
Zu jedem anderen Zeitpunkt hätte Mike dies als ein Märchenbild des Orients empfunden, aber jetzt überkam ihn ein beklemmendes, seinen Hals zuschnürendes Angstbild. Er hatte die Befürchtung, Faruk wolle ihn hier am Ende der Welt aussetzen, oder irgendein Gericht solle über ihn bestimmen.
Sie fuhren auf eine alles überragende Moschee mit den üblichen Minaretten zu.
An der Straßenseite, dem Haupteingang gegenüber, gab es ein Café, welches von Jugendlichen belungert wurde. Drei ältere, bärtige Männer saßen an einem Tisch und beäugten die ankommende Gesellschaft.
Als Ddd...t aus dem Wagen stieg, machten sie ehrfürchtige Verbeugungen und küssten seine Hände. Aisha ging einige Schritte hinter ihm, wie eine Königin.
Sie stiegen die breite, sehr steile Treppe zur Moschee hoch. Oben angekommen, sah man einen überdachten Hof, in welchem sich Hunderte von Männern im Schneidersitz aufhielten. Vor ihnen stand ein kräftiger, schwarzbärtiger Mann mit weißem Burnus und grünem Umhang. Er redete auf die Menge ein, und Mike konnte nicht erkennen, ob es sich um das Abendgebet oder eine politische Versammlung handelte.

Als der Mann Ddd...t erblickte, schritt er auf ihn zu, reichte ihm beide Hände, kniete sich und küsste, unterhalb dessen Knie, sein Gewand. Aisha wurde ebenfalls ehrfürchtig begrüßt, für eine Frau etwas ungewöhnlich.
Faruk, Fathi und Mike hielten sich im Hintergrund und wurden auch nicht beachtet. Ddd...t ging auf die Menge zu, redete mit kräftigen, beschwörenden Worten zu den ihm Lauschenden. Dann nahm er seine Frau bei der Hand und verbeugte sich.
Für Mike sah das wie eine Wahlkampfveranstaltung aus. Er versuchte flüsternd Faruk zu fragen, was da vor sich ging. Dieser winkte herrisch ab und legte seinen Finger auf die Lippen.
Ddd...t zog sich mit seiner Frau zurück und winkte die drei zu sich heran. Danach wechselten sie in einen kleinen Nebenraum und warteten. Nach etwa einer viertel Stunde kehrte der Schwarzbärtige zurück und raunte Ddd...t etwas zu. Dieser nickte, nahm seine Frau bei den Händen und verschwand.
Faruk und Fathi zogen Mike aus dem Raum und gingen nach rechts, einen von beiden Seiten mit hohen Mauern begrenzten und mit Bögen überdachten Gang entlang. An dessen Ende angekommen, gab es auf der linken Seite eine große Portalöffnung. In diese wurde Mike geschubst. Drinnen, in einem weiten Saal, war es kühl und friedlich. Wieder ein riesiger Stein in der Mitte und an den Wänden ebenfalls Steine, glattgeschliffen von tausend Berührungen vieler Hände.
Faruk forderte ihn auf, ebenfalls diese Steine zu berühren. Mike tat dies gehemmt, er kannte die Einschränkungen gegenüber "Ungläubigen."
Sie waren kaum im Inneren des Heiligtums, als ein Wächter aufgebracht zu Faruk stürzte und sich überschlagend auf ihn einredete, in Richtung Mike fuchtelnd.

Erschrocken wich der zum Ausgang. Faruk folgte ihm, sich seitlich schützend neben ihn stellend. Er redete ebenfalls mit schnellen Worten auf den Wächter ein.
Der machte mit einer fortwinkenden Handbewegung klar, dass sie verschwinden sollten.
Wieder fragte Mike nach dem Sinn. Fathi versuchte auf arabisch-französisch zu erklären, Faruk habe ihn als seinen deutschen Bruder vorgestellt, welcher wieder in den Schoss des Islams wolle. Ungläubige durften das Innere der Moschee jedoch nicht betreten, und man hatte Faruk heftigste Vorwürfe gemacht. Jetzt verließen sie schnell und ohne nach rechts und links zu sehen den Moscheebereich. Vorne, dort wo die Meute saß, waren nur noch ein paar dutzend Männer, welche mit drohender Miene nach ihnen schauten.
Sie liefen die breite Treppe hinunter. Am Ende der Stufen warteten sie auf die Rückkehr von Ddd...t und seiner Frau.
Diese erschienen nach fünf Minuten am oberen Treppenrand und Ddd...t rief Faruk etwas zu. Der nickte und sagte zu Mike: "Komm, wir fahren, sie werden noch hier bleiben und reisen später zurück. Unsere Aufgabe ist erledigt."
Mit zitternden Beinen stieg Mike zu Faruk in den Wagen. Er war von den vielen hundert Kilometern Fahrt so kraftlos, dass selbst das Sitzen ihm Übelkeit bereitete.
Jetzt starteten sie die lange Rückreise.
Die Sonne war mittlerweile tief und blutrot am Himmel. Sie würde jeden Moment untergehen, und dann war schwarze Nacht.
Sie fuhren die zuvor gekommene Straße zurück. Außerhalb der Stadt bog Faruk in einen holperigen Seitenweg ein und fuhr, an Feldern entlang, zu einem abgelegenen Haus.
Dort klopfte er an die Fensterläden und wartete, bis ein Mann aus der Tür trat. Der schob ihm etwas in die Hand, zeigte auf Mike, dann in Richtung Touseur und faltete die Hände mit

gleichzeitiger Verbeugung.
Faruk ging fast rückwärts und stieg zu Mike in den Wagen. Ohne Kommentar fuhren sie, bis die Straße wieder auf die Hauptverkehrsader stieß.
Jetzt war es dunkel. Mit einem Mal leuchtete da, wo normal ein Radio seinen Platz hat, ein grünes Licht im Wagen auf. Mit einem surren, so wie man es von Starkstromleitungen her kennt, blinkte das Licht auf. Dann hörte man eine Stimme und die Namen von Tunis, Touseur Gabes und Hammamed. Dazwischen wurden Zahlen genannt. Faruk übersetzte, ohne zu erklären: "Fünf sind in Tunis dafür, drei in Touseur, sechs in Gabes und nur zwei in Hammamed. Die Entscheidung steht noch aus." Es folgte eine kurze Pause, dann wurden wieder Koransuren gesungen, zersetzt mit dem dreimaligen Hadra.
Wenig später erscholl ein Chor mit unheilvollem Ton. "Mushbehi, Mushbehi, Mushbehi" (Schlecht, Schlecht, Schlecht), kam es fast drohend aus dem Sender oder was immer das Ding war.
"Wir müssen jetzt sehr vorsichtig sein. Sie wollen dich. Ich bin jetzt auch ungeschützt. Ich habe nicht das getan, was sie von mir verlangt haben", stöhnte Faruk.
Er wirkte sehr angespannt, und sein Gesicht war grau. Mike legte ihm, eher um sich selbst zu beruhigen, die Hand auf seinen Arm. "Wir werden es schaffen, ich will nicht sterben", sagte er beschwörend.
Sie fuhren weiter in die Dunkelheit, kontinuierlich auf der offiziellen Straße entlang.
Auf der rechten Seite kam eine größere Tankstelle in Sicht. Faruk fuhr vor, Mike stieg mit ihm aus, und sie gingen zusammen in den Verkaufsraum.
Der Mann an der Kasse erhob sich, ging hinaus und tankte auf. Er sprach mit verhaltener Stimme zu Faruk, und aus dem Gespräch schloss Mike, dass die beiden sich kannten.

Ebenfalls spürte er, dass Faruk Drohungen erhielt.
Erstaunlich war, dass er nichts bezahlte. Sie gingen zurück zum Wagen und fuhren weiter.
Sie hatten etwa vier Kilometer des Weges hinter sich gelassen, als ein entgegenkommendes Fahrzeug das Licht aufblendete und sich quer zur Straße stellte.
Drei Männer sprangen aus dem Wagen und liefen auf Mike und Faruk zu. Der hatte sofort gebremst und sah Mike bittend und ängstlich an. "Sag kein Wort egal was kommt", flüsterte er.
Die Fahrertür wurde aufgerissen, Faruk herausgezogen und zwei der Männer kletterten auf den Rücksitz. Sie redeten schnell und fordernd auf ihn ein. Mike konnte einzig und allein wiederholt die Worte "AGRAB" heraushören.
Dann packte einer der Männer Mike an seine Schulter, drehte seinen Kopf zu sich und sah lange in dessen Augen. Er stieß ihn beiseite, die beiden stiegen aus und gingen mit dem anderen zu ihrem Fahrzeug zurück.
Aufatmend startete Faruk zur Weiterfahrt. "Sie wollten dich, aber sie kannten dein Gesicht nicht. Deshalb habe ich gelogen. Wir müssen ganz schnell von hier fort."
Mike hatte es aufgegeben Vermutungen anzustellen, warum ihm jemand etwas wollte, ihn als heilig ansah oder das Gegenteil der Fall war.
Ihm war nur eines wichtig, nämlich aus den jeweiligen Geschehnissen heil heraus zukommen.
An der Straße waren rechts und links begrenzende Katzenaugen angebracht, so, wie er sie auch aus Deutschland her kannte.
Ihm fiel jedoch auf, dass die Augen an bestimmten Punkten der Straße rot aufleuchteten, während sie normal in gelbem Licht strahlten.
Bevor sie so ein rotes Licht erreichten, fuhr Faruk langsamer

und duckte sich, wenn sie vorbeikamen. In Mike stieg die Vermutung hoch, es handele sich um Sensoren, welche eine Explosion auslösen könnten. Diese Vermutung wurde durch Andeutungen von Faruk untermauert, und erst als Mike aus dem ganzen Stress befreit war wusste er, dass diese Lampen in diesem Land in Kurven immer rot reflektierten.
Jetzt konnte er sich diese Dinge nicht logisch erklären. Er hatte nachträglich den Eindruck, er habe an Halluzinationen, hervorgerufen durch die verschieden Tees, gelitten. Er glaubte, dass Faruk dies mit seinem merkwürdigen Verhalten unterstützte, um ihn zusätzlich in den Wahn zu treiben. Oder war doch alles real? Sein Gesundheitszustand auf jeden Fall.
Sie kamen gegen drei Uhr früh vollkommen erschöpft in Zarzis an. Als sie das Haus erreichten, fielen sie sofort einschlafend in ihre Betten.

*

Mohammed rüttelte an den Schultern von Mike. "Steh auf, wir erhalten Besuch. Faruk ist schon in der Küche." Energisch zog er ihn am Arm.
Er standauf, wobei ihm seine Beine fast versagten, und wankte zum Bad. Im Spiegel sah er in ein abgemagertes, grau-weißes Gesicht. Er besaß keine Farbe mehr. Seine Augen lagen tief im Schädel. Eigentlich müsste er braun wie die Berber sein, doch alle Farbpigmente schienen verschluckt. Die ehemals braun-grünen Augen hatten eine ausgeblichene, wässriggraue Tönung angenommen, und die Pupillen, eng zusammengezogen, verliehen ihm das Aussehen eines erschrockenen Tieres.
Mühevoll und leise stöhnend versuchte er, die körperliche Hygiene durchzuführen.

Als er das Bad verließ, stand ein dunkelblauer BMW mit französischem Kennzeichen im Innenhof. Mike ging zum Wohnraum. Drinnen saß ein europäisch wirkender Tunesier mit selbstgefälligem Gehabe und großen Gesten. Seine Haare waren mit Öl gebändigt, und großspurig redete er auf Faruk ein.

"Ah ,da ist ja der Deutsche", begrüßte er Mike. "Wir werden dir noch zeigen, wie das Leben hier ist" und zu Faruk gewandt: "Er muss sich doch beugen lassen."

Er sprang auf, direkt auf Mike zu. "Hier leben willst du, Tunesier werden, Geld machen?" Mit glitzernden Augen und böse fragte er den so Überrumpelten, ohne eine Antwort zu erwarten. "Du kommst hier nicht lebend heraus, und Faruk kann dir dabei auch nicht helfen. Arabisch lernen, überall deine Nase haben. Wir werden es dir zeigen." "Mache, was ich dir gesagt habe, und denke an deine Familie", tönte er in Richtung Faruk. Dann stand er auf und fuhr mit heulendem Motor fort.

Gelähmt sahen sich die Zurückgebliebenen an. Als Erster erlangte Faruk seine Fassung wieder.

"Wir fahren nach Tataouine. Dort wohnt ein ,Heiliger Mann', der wird uns helfen."

"Ich kann nicht mehr. Ich habe keine Kraft mehr", flehte Mike, und er spürte, wie ihm die Beine zitterten. "Wenn du leben-willst, musst du", entgegnete Faruk.

Für Mike gab es nur die Entscheidung Faruk zu vertrauen oder sich in die Hände anderer, ihm unbekannter Menschen zu begeben, welche ihm eventuell noch Böseres antaten.

Faruk kannte er, und in seiner Nähe war er so etwas wie sicher. Er glaubte sogar, in ihm eine, wenn auch vage, Versicherung zu haben, und wenn ihm noch Schlimmeres zustoßen sollte, würde er Faruk mitziehen. Das gab ihm wieder Mut und geistige Kraft. Sie fuhren nach Tataouine.

Noch einmal ging die Fahrt Richtung Libyen, durch Ben Gardane und dann weiter in die Berge. Die Landschaft wurde karger, und sie erreichten nach einstündiger Fahrt, nachdem sie in einen Feldweg abgebogen waren, ein einsames Gehöft, umgeben von einer hohen Mauer. Seitlich der Mauer war eine Tür eingelassen mit einer rechts daneben hängenden Glocke. Faruk betätigte das Seil, und der Klang dieser Glocke ließ die Tür sich öffnen. Eine dicke, verschleierte Frau steckte den Kopf in den Rahmen und fragte demütig nach den Wünschen von Faruk.

Sie wurden hereingebeten und standen in einem Innenhof, mittig geteilt von einer Zisterne. Rechts zog sich der Haustrakt über die ganze Länge des Hofes hin.

Aus dem vorderen Trakt schritt ihnen ein graubärtiger Mann mit Burnus und langem, graublauem Gewand entgegen.

Von Faruk begrüßt, drehte er sich zu Mike und sah ihn lange an. Er griff nach dessen Händen und hielt sie fest. Zum ersten Mal, nach vielen Tagen des Schmerzes, war Mike frei und entspannt. Es ging eine Wärme und Kraft von diesem Menschen aus, die Mike nur mit göttlich übersetzte.

"Inter Hadra kebir, inter behi" (du bist sehr heilig, du bist gut), sagte er zu ihm und schaute dabei Faruk an.

Der nickte und sagte: "Ja, ja."

Sie wurden in einen Raum gebeten, der mit Tisch und Stühlen versehen war. Der Priester stellte eingehend Fragen an Faruk, und dieser antwortete. Dann rief der Mann seine Frau und seine zwei Töchter zu sich, stellte Mike vor, und ihm wurden die Hände geschüttelt.

Die Frauen zogen sich danach höflich zurück und machten sich draußen zu schaffen.

Sie bereiteten ein Essen vor, zu Ehren der Gäste.

Hier wurde Mike ausschließlich wie ein besonderes Wesen behandelt.

Die andauernden vergangenen Demütigungen fielen von ihm ab, und er fühlte sich erstmalig wieder als Mensch.
Er hoffte inständig, dass der Priester die vermeintlichen Missverständnisse aufklären würde und er endlich gesagt bekäme, dass nichts Schlechtes an ihm sei.
Zunächst jedoch wurde gegessen, und er fühlte sich rundum glücklich.
Er bemerkte plötzlich, dass Faruk bei jedem Wort, welches der Priester sagte, zugeknöpfter wurde, dass sein Blick angestrengt wirkte, und er glaubte zu erkennen, dass er unwillig reagierte.
Unvermittelt lud er den Priester ein, mit seiner Frau nach Zarzis zu kommen und das Haus von Ddd...t und Aisha zu besuchen. Dort sollte er Mike genauestens prüfen und ebenfalls ein Urteil über Ddd...t abgeben.
Der Priester willigte ein wenig verwundert ein und versprach, am übernächsten Tag, gemeinsam mit seiner Frau, seine Aufwartung zu machen.
Nach dieser Zusage brachen die beiden auf und fuhren zurück. Faruk schien seltsam zufrieden, und ein faunisches Lächeln blieb auf seinem Gesicht.
Sofort nachdem sie Zarzis erreicht hatten, führte ihr Weg direkt zu Aisha.
Die Eheleute waren ebenfalls zurück von ihrer merkwürdigen Reise und wirkten in ihren alltäglichen Kleidungsstücken, als hätte es den Tag zuvor nicht gegeben. Es wurde auch kein Wort mehr über die Besuche vom gestrigen Tag gesprochen.
Dieses Mal war auch der Bruder von Aisha anwesend, ein hagerer, großer Mann mit von der Sonne gegerbter Haut und einem freundlichen Gesicht. Er hatte anfänglich versucht, sich bei Mike einzuschmeicheln. Aisha hatte ihm jedoch Zurückhaltung auferlegt, und so blieb er in der Zukunft höflich und betont distanziert.

Faruk berichtete über den vorangegangenen Besuch und von der Bereitwilligkeit des Priesters, eine Visite bei Ddd...t zu machen.
Dabei drehte er den Ring, umgeschmolzen aus dem damals von Mike gestohlenem, nervös hin und her. Er forderte Aisha auf, ein Feuer zu entfachen und Kräuter zu verbrennen. Dann legte er sich eine Decke um die Schultern und zog ein Kopftuch an. Als die Dämpfe der Kräuter stiegen, verfiel er in wiegende Bewegungen und ließ einen eintönigen, leisen Singsang vernehmen.
Sein Schaukeln wurde schneller und schneller, dann sprang er auf und redete mit gezierter, heller Stimme.
Mike sah ihn erstaunt und verständnislos an. Faruk wirkte in kürzester Zeit entrückt, während Aisha seinen Worten aufmerksam zuhörte.
Ohne Warnung ließ er sich plötzlich fallen, schüttelte sich und erklärte Mike: "In mir lebt noch ein anderes Wesen. Es ist eine uralte Frau, und ab und zu lasse ich sie zum Vorschein kommen. Sie sagt mir, was ich tun muss. Wenn meine Seele mit der ihren vereint ist, bin ich sehr mächtig. Dann brauche ich nur noch deine Kraft, und ich bin so stark wie kein anderer."
Diese gemachte Aussage fand Mike mehr als unheimlich, und er zog es vor, nicht darauf zu antworten.

Aisha verließ den Raum und kam wenige Augenblicke später mit zwei Gebetskränzen wieder, welche man so auch von Griechen und Türken kennt.
Ein Kranz hatte weiße, mattschimmernde Perlen, während der andere Kranz aus schwarzen, silbrigglänzenden Kugeln bestand.
An der dunklen Gebetsschnur waren zusätzlich schwarze Federn eingebunden, und Mike hatte sofort die Eingebung, es könne sich um eine teuflische Gebetskette handeln.

Faruk nahm den weißen Kranz entgegen, und Aisha hielt Mike die mit den schwarzen Kugeln hin.
Er nahm das Ding in die Hand, fühlte die kalten, glatten Perlen, und Angst berührte ihn. Er sah die Blicke der anderen auf sich gerichtet. Sie schienen auf etwas zu warten, auf eine Reaktion oder ein Zeichen.
Mike warf den Kranz in hohem Bogen von sich und rief: "Ich will nicht, ich bin gut, damit will ich nichts zu tun haben!"
Wut stand in den Augen der anderen. Sie sahen ihn aggressiv an und es schien, als wollten sie sich auf ihn stürzen.
Faruk erhielt als Erster seine Fassung zurück: "Wir wollten dich nur testen. Es war ein Spiel. Mache dir keine Gedanken."
Doch die machte Mike sich und glaubte ihm kein Wort. Er sah in Aishas Augen Hass und in denen ihres Bruders Mord.
Mike bestand darauf zu gehen, und Faruk willigte sofort ein. Als sie das Haus verließen, sahen beide mehrere Gestalten hinter den umliegenden Büschen kauern und hinter einigen Bäumen stehen.
Mike erkannte in einer den großen, schwarzen Priester, und abseits erblickten sie den blauen BMW des Tunesier-Franzosen.
"Sie wollen uns", sagte Faruk. "Sie kriegen mich nicht", antwortete Mike tapfer.
Sie wurden in Faruks Haus erwartet. Die Mutter hatte Essen vorbereitet und alle harrten auf ihre Ankunft.
Beide wuschen sich die Hände, und Mike platzierte sich neben Faruk im Schneidersitz. Eine große Platte mit Couscous stand auf dem Boden, und wie in moslemischen Ländern üblich, sollten alle gemeinsam von der Platte essen.
Die Plätze wurden jedes Mal von der Mutter angewiesen. Jetzt bedeutete sie Faruk mit Gesten, von welcher Stelle er zu essen habe. Mike bemerkte das. Sein Misstrauen war sofort hellwach. Er drehte den riesigen Teller wie unabsichtlich weiter

nach rechts, so dass sein Anteil bei Faruk stand. Keiner sagte etwas, und Faruk nahm seinen Löffel zum Zeichen des Essenbeginns.
"Kelp", schrie seine Mutter Mike an. "Kelp", heiser und hasserfüllt ein zweites Mal.
Jetzt lächelte Mike böse. Er hatte es erraten. Sie hatte den Teil des Essens für ihn präpariert. "Deine Mutter hat Hund zu mir gesagt. Ist das gastfreundlich?", fragte er ein wenig lauernd. "Nein, du hast das nicht verstanden. Sie hat uns guten Appetit gewünscht", erwiderte Faruk resigniert.
Mike sagte nichts. Es hatte so oft gleichartige Situationen gegeben, in denen er Worte verstanden hatte, die Schlechtes meinten und bei Nachfrage an Faruk von diesem geleugnet wurden.
Abrupt stand er vom Essen auf und forderte Mike auf, mit ihm zu kommen. Sie fuhren in die Stadt und aßen in einem kleinen Restaurant einen Fisch.
Erneut zweifelte Mike. War Faruk der Böse oder die anderen. Musste er, egal weshalb, Befehlen gehorchen, denen er nicht gehorchen wollte?
Die Einwohner des Ortes Souhiel und auch die der Stadt Zarzis kannten Mike vom Sehen. Ein Tourist, der länger als drei Monate blieb, war auffällig.
In den ersten Wochen seines Aufenthaltes waren er und Faruk regelmäßig in die umliegenden Cafés gegangen, hatten Shisha geraucht, Tee oder Kaffee getrunken und sich mit den neugierigen Fischern und Touristenhändlern unterhalten.
Es wurde viel gefragt, aber Faruk gab für ihn die Antworten. Mike sollte sich zurückhalten und nur höflich grüßen. Das hatte er stets eingehalten. Dennoch wurde er beobachtet und jedes Verhalten von ihm analysiert.
Nachdem Wochen vergangen waren, wurde Mike mehr und mehr in die Normalität aufgenommen. Als die Vergiftungen

und das rätselhafte Verhalten im unmittelbaren Umfeld von Faruk noch nicht begonnen hatten, ging Mike zum Bäcker oder zum Lebensmittelhändler, kaufte Kleinigkeiten und wurde sehr wohlwollend angenommen.
Dass er sich mit den Berbern in ihrer Sprache unterhalten konnte, war für die einfachen Menschen eine Sensation. Die Kinder auf der Straße zeigten auf ihn und riefen: "Hua gul arabi, gula arabi!" (Er spricht arabisch, redet arabisch!).
Das machte Mike ein bisschen stolz. Er passte sich an alle Höflichkeitsrituale an und achtete darauf, nicht mit kurzen Hosen oder mit zu weit geöffnetem Hemd in der Öffentlichkeit zu erscheinen.
Faruk sagte ihm wieder und wieder, wie beliebt Mike sei und so anders als die üblichen Touristen.
Er arbeitete jeden Tag im Geschäft, wusch morgens die Keramikschüsseln und Kannen aus, welche täglich vom Wüstensand eingestaubt wurden. Er kochte mittags für die Angestellten und sorgte dafür, dass sie genügend Freizeit hatten.
Die Kunden kauften gerne bei ihm, weil er sie nicht bedrängte, öfter nette Episoden erzählen konnte und Tipps für kleine Ausflüge gab.
Von den umliegenden, rund um ihren Souk gelegenen Geschäften wurden sie von den dort angestellten Verkäufern aufgesucht, es wurde dann ebenfalls die Shisha geraucht und viel gelacht. Sie kamen aus Neugier, wollten wissen, was der Deutsche so macht und waren sich einig in dem Urteil, Mike passe zu ihnen.
Parallel dazu entfernte er sich gedanklich mehr und mehr von den Touristen. Sie kamen und gingen, Italiener, Franzosen und vor allen Dingen Deutsche. Ab und zu erhielt er eine Meldung, ein Tourist sei niedergestochen worden oder andere in der Wüste ausgeraubt liegen geblieben. Er machte sich keine gro-

ßen Gedanken darüber. Es schien sehr weit von seinem Leben entfernt. Er war im Geschäft freundlich zu den Kunden, hatte aber ansonsten keinerlei Berührungen mit ihnen.
Die Hotels blieben hauptsächlich Enklaven und für ihn eine andere Welt. Ein Tunesier durfte sowieso nur mit Genehmigung in die Komplexe, und Mike verspürte keinerlei Lust, sich mit den oberflächlich wirkenden Urlaubern einzulassen.
Nach Ladenschluss fuhr er mit Faruk den täglichen Weg über den Römerdamm nach Zarzis.
Dort gingen sie in ein kleines Stammcafé, trafen die anderen Händler, und es wurde über Gott und die Welt und natürlich über Geschäfte gesprochen.
Der Inhaber eines Cafés, ein Onkel von Faruk, hatte lange Jahre in Paris gelebt und sich jetzt mit seinem Ersparten dieses Lokal gekauft. Er machte gute Umsätze, da er freundlich und schnell seine Gäste bediente.
Er setzte sich häufig zu ihnen an den Tisch, fragte viel und lud Mike und Faruk eines Tages zum Essen ein.
Das war eine große Anerkennung an Mike, der dies auch gebührend annahm.
So wurde er mehr und mehr von der arabischen Welt aufgenommen und im gleichen Zug von den Touristen entfernt.
Als die Angriffe auf ihn starteten und nachher lebensbedrohend wurden, kannte er niemanden, dem er sich hätte anvertrauen können. Er war mitten unter Menschen isoliert.

Es gab ein ungeschriebenes Gesetz bei den Berbern: Keinen offen beschuldigen, wenn kein Beweis vorlag. Keinen, auch nicht deinen Feind, schlecht behandeln.
Diese Punkte halfen Faruk, sein Böses Spiel unbehelligt durchzuziehen. Viel später wurden schon hinter vorgehaltener Hand Vermutungen geäußert, man sah den körperlichen

Verfall von Mike, aber keiner griff ein.
Von einigen älteren Bewohnern aus Zarzis gab es dennoch eine Empörung und wohl auch versteckte Drohungen gegen Faruk und Ddd...t, was für Mike sehr gefährlich wurde, andererseits die Täter verunsicherte. Das bemerkte er jedoch erst, als man ihm nicht mehr helfen konnte.

*

Den Tag vor der Ankunft des Priesters verbrachte Mike im Hause Faruks. Etwas abseits von den anderen setzte er sich in den Schatten und dachte über seine Lage nach. Er versuchte ständig aufs Neue, einen Weg zu finden, um aus diesem Desaster zu entkommen.
Aus dem "Morseraum" hörte er das ihn irritierende Dit, dididdit, ddt, ddidt.
Er vergewisserte sich, dass keiner ihn beobachtete, und näherte sich dem Raum, drückte die Türklinke, stellte jedoch fest, dass das Zimmer verschlossen war.
Er ging hinter das Haus und hörte aus einem der Nachbarhäuser ebenfalls das gleiche Morsegeräusch. Es hatte das Gefühl, als wenn sich eine Kette von Haus zu Haus bildete, und er spürte erneut die Bedrohung, etwas nicht Sichtbares, Unerklärliches.
Der frühere Arbeitgeber von Faruk, auch dem riesigen Clan seiner Verwandtschaft zugehörig, wohnte etwa 300 Meter weiter. Mike kannte ihn und hoffte, er würde ihm helfen. Deshalb versuchte er, zu seiner Villa zu gelangen, ohne von anderen gesehen zu werden. Er ging eine Straße weiter, als sich ihm unerwartet ein Neffe Faruks in den Weg stellte.
"Wo willst du hin? Wer hat dir erlaubt dich zu entfernen?",

drohte der sofort.
"Ich kann gehen wohin ich will", trotzte Mike empört.
Der Neffe packte ihn umgehend bei seinen Armen und schrie laut nach Mohammed. Dieser kam sofort gerannt, im Gesicht rot vor Zorn und brüllte: "Du gehst nirgendwo hin, warte wenn Faruk zurück kommt!"
Sich ergebend, ging Mike mit zurück zum Haus. Durch wütende Blicke wurde er von den anderen belohnt.
Mohammed telefonierte laut und in fast kreischendem Ton.
Eine halbe Stunde später raste der blaue BMW auf den Hof.
Drei Männer stiegen aus.
Den Fahrer kannte Mike. Dabei waren ein Kraftprotz von Kerl, ein Bodybuilder und ein hakennasiger, wild aussehender Typ, Marke "Messerstecher."
Sie stürzten sich sofort auf Mike, rissen ihn hoch und wollten ihn zum Auto schleppen.
"Lasst mich sofort los", schrie der "ihr könnt mich nicht wegbringen!"
Er riss sich los und lief auf die Straße. Es war zwar sonst niemand zu sehen, aber es würde jetzt auch keiner wagen, ihn öffentlich in ein Auto zu zerren. Er blieb mitten auf der Straße, einem gestampften Lehmweg, stehen und wartete.
Nach einer knappen Stunde fuhren die Kerle, Fäuste gegen ihn schwingend, wieder ab.
Mike hatte sie unbewusst mit ihren eigenen Waffen geschlagen und war im Nachhinein stolz auf sich, wenigstens passiven Widerstand geleistet zu haben.
Eine weitere Stunde später raste Faruk heran. "Was ist passiert, was machst du?", fragte er.
Mike gab eine kurze Erklärung ab. Sie gingen zum Haus und Faruk stellte seinen Bruder zur Rede. Aus dem Disput entnahm Mike, Mohammed habe unvorsichtig gehandelt, überhitzt auch die Familie in Gefahr gebracht, indem sie ihren

guten Ruf verliere.
Dann hagelte es Vorwürfe gegen Mike. Er dürfe das Haus ohne Faruk nicht verlassen, er würde ja sehen, wie weit er käme. Mohammeds Frau, die dicke Blonde, grinste verlegen, dankbar dafür, dass sie selbst nicht Opfer der Attacken war.

Die Blicke von Faruks Mutter trafen wie Dolche. Die anfänglichen Freundlichkeiten waren schon lange offenem Hass gewichen. Ihr Sohn hatte einen "reichen" Deutschen an der Angel, und der machte ihnen Schwierigkeiten. Mike vermisste, auch dieses Mal wieder empört, jegliches Unrechtbewusstsein in dieser Familie.
Von dem Trubel erschöpft, verkroch er sich in eine Ecke des Hofes und wartete. Er war Raucher und Zigaretten erhielt er, so viele er wollte.
Er rauchte "MARS". Die Tunesier sagten, wir rauchen unsere Freiheit. Im März hatten sie in den 50er Jahren ihre Unabhängigkeit erstritten.
Er erhielt von Faruk ein Taschengeld, ein paar Dinar, gerade genug, um Zigaretten kaufen zu können. Er wurde strikt angewiesen, nur in bestimmten Läden seine Einkäufe zu tätigen. Genau wie Faruk, der grundsätzlich für fünf Dinar tankte, musste auch er jedes Mal für fünf Dinar kaufen.
Die Fünf ist in Tunesien eine heilige Zahl. Fatima, die Schwester von Mohammed, wird im Süden des Landes sehr verehrt. Symbole wie die Fatma-Hand als Talisman können überall gekauft werden.
Mike vermutete, hier einen eindeutigen religiösen Code zu praktizieren, welcher gleichzeitig für alle Mitglieder als Erkennungszeichen galt.
Chamsa (fünf), Hadra (heilig) und Mushbehi (schlecht) waren die häufigsten Vokabeln im Umfeld von Faruk.
Mike zerbrach sich oft über diese Zusammenhänge den Kopf,

er wollte hinter die ganze Fassade blicken, bekam aber nur Bruchstücke des Puzzles zusammen. Diese gehäufte Symbolik erlebte Mike in vielen Kleinigkeiten fast täglich. Wenn er mit Faruk bestimmte Lokale aufsuchte, an der Landstraße zu Medenine oder in einem Esslokal, mitten auf Djerba, wurden ihnen kommentarlos, aber mit bedeutungsvollem Blick, eine Cola 'schwarz' und ein Wasser 'weiß' hingestellt.
Mike musste zum Zeichen seiner Reinheit ohne Ausnahme das Wasser wählen. Dabei spürte er körperlich, dass er beobachtet wurde. Auch die Gesten von Faruk ließen darauf schließen, dass es bewusste Demonstrationen waren, für wen, das fand er nicht heraus.
Diese Vorgänge wiederholten sich so oft, dass sie für Mike selbstverständlich wurden.
Ihm stellten sich viele Fremde vor. Er kannte sie nicht, wusste nicht, was sie von ihm wollten. Alle hatten jedoch eines gemeinsam, sie sahen ihn mit fanatischen, fast durchbohrenden Augen an. Diese Blicke machten ihm Angst. Es war, als wenn man sein Opfer betrachtet, welches einem selbst ein Heil verspricht. Diese Augen waren bei allen gleich. Sie glühten wirklich, ein satanisches Leuchten, wie es Mike in Genre-Filmen gesehen hatte.
Ab und zu hatte Faruk den gleichen Blick. Dann wurde er Mike wirklich unheimlich, erhielt aber gleichzeitig auch eine für ihn unerklärliche Faszination.
Er sprach fast täglich von seiner Heirat. Die Verbindung sollte bald geschehen, und seine Braut, sie lebte ja auf Djerba, wurde mit den alten aus Zarzis stammenden Ritualen vertraut gemacht. Sie kleidete sich auf Djerba modern, ohne Kopftuch und den langen Gewändern, sollte aber später mit der traditionellen Kleidung ausgestattet werden. Sie schien damit auch keine Probleme zu haben, jedenfalls gab sie sich so.
Faruk sprach täglich davon, dass seine Seele rein sei, er nie

Alkohol trank und, mit Schwur auf Allah, er nie Schlechtes tue. Leider bewiesen seine Handlungen genau das Gegenteil. Mike hatte bei dieser Verbindung ab und zu das Gefühl, es handele sich um eine rituelle Heirat. Als solle ein Bund verschiedene Gruppierungen einigen, nicht einfach zwei Menschen, die sich liebten, zusammen bringen.
Diese Vermutung wurde gestärkt durch die vergangenen Vorkommnisse im Haus seiner Braut. Sie war in die Machenschaften eingeweiht. Das lag auf der Hand. Aber welches junge, unschuldige Mädchen würde sich mitsamt seiner Familie auf so ein Komplott gegen einen Deutschen einlassen? Wo sah sie ihren Vorteil? Warum hatte Faruk sie überhaupt mit in diese Geschichte einbezogen? Er musste Mike ja nicht in dieses Haus einführen und ihn auch nicht seiner Braut vorstellen. Wo waren die Zusammenhänge?
Diese Überlegungen schossen andauernd, verwirrend durch seinen Kopf. Er suchte nach Lösungen, drehte sich jedoch fortwährend im Kreis.
Mustafa, den Hausbesitzer, hatte er auch nie wieder zu Gesicht bekommen. In die Geschäfte war Mike vor Wochen das letzte Mal gekommen, und wahrscheinlich würde er sie auch nie wiedersehen.
Er sah außer der Familie von Aisha, der Familie von Faruk und dessen Clan keinen mehr.

*

Früh am Morgen, es war gerade sieben Uhr, machte sich Faruk bereit, den Priester bei Aisha zu empfangen. Er fuhr mit Mike gut gelaunt nach Zarzis und bog dann ab, in den kleinen Seitenweg, direkt auf das Haus von Aisha zu.

Eine nervöse Unruhe war bei allen zu spüren. In starrer Erwartung saßen Ddd...t, Aisha, deren Bruder und jetzt Mike und Faruk da und hofften auf das Eintreffen des "Heiligen Mannes."
Dieser kam mit seiner dicken Frau in einem Taxi vorgefahren. Er wurde ehrfürchtig begrüßt und in den Wohnraum gebeten. Hier setzte er sich umständlich hin. Seine Frau hatte man in einem anderen Raum untergebracht, und sie verharrte dort.
Die Stimmung blieb angespannt. Mike wusste nicht weshalb, aber er konnte diese Spannung spüren. Aisha brachte Tee, welcher mit Gebäck gereicht wurde. Der "Heilige" ließ sich Zeit. Ein paar belanglose Floskeln wurden ausgetauscht, sonst geschah nichts.
Ganz plötzlich richtete sich der Priester auf und zeigte auf Mike. Er schien ihn zu loben und mehrmals fiel der Name Sidi Mouldi, die Moschee, in die Mike vor Tagen geschleppt worden war.
Scheinheilig sahen die Anwesenden Mike liebe- und respektvoll an.
Der Priester nahm einen Koran in die Hände, stand auf und legte diesen auf Mikes Kopf. Dann murmelte er in einem Singsang, holte aus seinen Taschen einen Wedel hervor, schlug diesen symbolisch mehrmals über Mike und redete unaufhörlich.
Alles was der verstand war ein Loblied auf seine Person.
Aisha fragte, ob der ‚Heilige' dies auch bei Ddd...t machen wolle. Nach einem Zögern willigte er ein. Er wendete sich Aishas Mann zu und vollführte die zuvor bei Mike gemachten Rituale.
Plötzlich hielt er inne, starrte auf Ddd...t und fuhr erschrocke zurück. Die Anwesenden reagierten ebenfalls erschrocken, Aisha sogar ängstlich.
Der Priester packte Ddd...t bei den Schultern, schüttelte ihn,

stieß drohende und zugleich mahnende Worte aus, schüttelte ungläubig seinen Kopf und schien etwas zu prüfen.
Der Bruder von Aisha stellte sich mit einer zum Sprung geneigten Haltung in den Rahmen der Türe.
Jetzt hatte Aisha blankes Entsetzen in den Augen. Faruk sah starr vor sich hin, und Mike schaute einfach unbeholfen und verständnislos.
Ein Redeschwall ergoss sich über Ddd...t. Wieder hörte es sich nach Vorwurf und Mahnung an. Das Heiligtum Ab del Kader wurde genannt.
Der Priester schien Vergleiche mit Ddd...t und Mike anzustellen. Er musste etwas Böses in Ddd...t gesehen haben, und dass das zutraf, sah man an den Gesichtern der anderen deutlich.
Faruk ging drohend auf den Mullah zu. Aisha war pure Panik, und ihr Bruder schien nur auf den Befehl zu warten, ihn außer Gefecht zu setzen
Der Priester stieß erneut Vorwürfe gegen Ddd...t aus. Er hob beschwörend die Hände gegen ihn und ballte sie dann zur Faust.
Faruk bestand auf einer nochmaligen Prüfung des Ganzen. Wieder, mit selbst ungläubigem Gesicht, testete der Mullah mit Koran, Wedel und einem Amulett Ddd...t.
Dann sprang er mit einem Satz rückwärts und schrie etwas mit dem Ausdruck im Gesicht, als hätte er Satan persönlich gesehen.
Er drängte sich aus dem Zimmer und forderte seine verstörte Frau auf, mit ihm das Haus zu verlassen. Der Bruder von Aisha hielt in fest und zog ihn zurück in den Raum. Aisha flehte etwas und Ddd...t saß starr.
Faruk packte Aisha am Arm, zog sie in die Küche und redete auf sie ein.
Da Mike in der ganzen Aufregung nicht beachtet wurde, folgte er ihnen. Er sah, wie die beiden einen Tee zubereiteten.

Dann zog Faruk den Beutel mit weißem Pulver aus seiner Tasche, von dem Mike, wie er vermutete, schon häufig zuvor Prisen in Getränke und Essen erhalten hatte und schüttete davon eine gehörige Portion in den Tee. Angespannt sah Aisha zu. Dann nahm sie den Tee und brachte ihn zu dem Priester, forderte ihn auf zu trinken.
Mike wusste nicht, ob es ein Symbol für das Niederlegen von Streitigkeiten war.
Tatsache blieb, der Priester nahm das Glas und führte es zum Mund. Mike stand ihm genau gegenüber. Er zwang den Priester förmlich, ihn anzusehen.
Als wenn dieser es spüren würde, schaute er zu Mike und sah ihm in die Augen. Mike schüttelte unmerklich den Kopf. Der Priester stutzte, begriff und warf den Tee weit von sich. Dann schrie er und fuchtelte mit seinen Armen vor dem Gesicht von Faruk.
Alles ging blitzschnell. Mohamad, der Bruder von Aisha, bemerkte, dass Mike der Vereitler des Anschlages war, Faruk packte den aufgebrachten Mullah und zog ihn zum Ausgang. Er redete auf ihn ein, und dieser schien einzuwilligen, mit Faruk das Haus zu verlassen. Jammernd und verstört blieb seine Frau sitzen.
Mike wurde hart von Mohamad in einen anderen Raum gestoßen. Dann stellte er sich vor die geschlossene Tür, nicht gewillt, ihn hinaus zu lassen.
Faruk verließ mit dem Priester das Haus. Aisha wusch die Teekanne und die Tassen aus, jede Spur beseitigend.
Die zurück gebliebene Frau wurde von Ddd...t beruhigt. Er bot ihr zu essen an, sie verweigerte jedoch alles.
Jetzt zerrte Mohamad Mike aus dem Raum und hinter das Haus. Hier befand sich eine Zisterne, ein 14 Meter tiefer Brunnen. Er öffnete den Deckel und versuchte, ihn hinunter zu stoßen. Der wehrte sich mit allen seinen verbliebenen Kräften.

Nur Ddd...t war es zu verdanken, dass Mike nicht in das tiefe Loch geworfen wurde. Sie hatten wohl doch Angst davor, ihn so verschwinden zu lassen.
Er wurde jedoch bewacht. Vor dem Haus war ein kleiner Platz. Hier hatte sich Mike mit gekreuzten Beinen niedergelassen und saß wartend im Schatten.
Gegen Mittag suchte sie der dicke Schwarze von der Hadra - Veranstaltung auf.
Er redete lange und leise auf Ddd...t ein. Auf Mike warf er nur einen verächtlichen Blick.
Der Schwarze brachte die Nachricht, dass es im Ort Gerede gab. Einige hatten Mike gesehen, abgemagert, kaum noch gehen könnend und mutmaßten in alle Richtungen. Die Situation wurde gefährlich, sowohl für Mike als auch für die Verschwörer. Sie kamen zunächst jedoch zu keinem Entschluss.
Am frühen Nachmittag fuhr mit quietschenden Reifen ein Wagen vor. Zwei Männer liefen auf den Hof, direkt auf Mike zu. Einen davon erkannte er sofort als Tachat den Teppichhändler, welcher schon einmal versucht hatte, ihm zu helfen.
Den anderen Mann kannte Mike nur vom Sehen. Es war ein reicher Händler, bekannt dafür, die ganze Welt bereist zu haben. Er sollte schon in Moskau, Paris und New York gewesen sein.
Diese beiden beugten sich über Mike und fragten ihn, ob er mitkommen wolle.
"Wir können dich in ein anderes Land bringen. Möchtest du nach Libyen oder nach Algerien?", stellten sie ihm zur Auswahl.
"Warum soll ich fort? Was kann ich in diesen Ländern tun? Woher wisst ihr meinen Aufenthalt?" Die Fragen schossen aus Mike heraus.

"Wir wissen es und noch viel mehr. Du bist in Gefahr, lass dir helfen", sagte Tachat. "Ich verstehe nichts. Faruk ist mit einem Priester in die Stadt gefahren. Sie wollten ihn hier vergiften, genau wie mich auch. Ihr könnt mir nicht helfen."
Mike befürchtete, in noch schlimmere Gefahr zu kommen, wenn er den Männern folgte. Der Ratschlag, nach Libyen oder Algerien zu gehen, machte keinen Sinn. Er hatte zudem kein Vertrauen in diese Staaten.
Die beiden wurden jetzt von Mohamad, der sich ihnen genähert hatte, angegangen. Ein scharfer Wortwechsel entstand, danach zogen die Männer ab.
Hier zeigte sich erneut die Mentalität: wenn einer nichts Genaues wusste, durfte er auch nichts sagen. Wenn die beiden den Verdacht hatten, Mike würde etwas zustoßen, könnten sie zur Polizei gehen und ihm somit helfen. Aber es gab offensichtlich nur Vermutungen. Deshalb wäre eine Anzeige bei der Polizei fatal gewesen und hätte Gesichtsverlust bedeutet.
Nachdem die Männer ohne Ergebnis abgefahren waren, forderte Mohamad Mike auf, dass dieser mit ihm zu Fuß durch die Stadt laufen sollte. Es musste demonstriert werden, dass er noch lebte und er freiwillig mit den Leuten verkehrte. Er wehrte sich. Mohamad gab ihm zu Verstehen, dass dies seine einzige Chance sei, lebend aus dem Debakel zu kommen.
Langsam, mit unsicheren Schritten und fressendem Schmerz im Unterleib, folgte Mike dem entschlossenen Gang von Mohamad. Wiederholt musste er jedoch stehen bleiben, denn ihm versagten durch seine Schwäche die Beine.
Er hasste die ganze Sippe für den Schmerz und die Behandlung, welche ihm widerfuhr, als sei er ein Stück Vieh.
Sie gingen in einem weiten Bogen um den Stadtkern, ständig unter der Beobachtung von Einwohnern, welche am Straßenrand standen und tuschelten. Ab und zu erhielt Mohamad einen Zuruf, den er jedoch nicht beantwortete.

Mike hatte die unwahrscheinliche Hoffnung, dass man seine Qual sehen konnte und irgendjemand, aktiv oder passiv, einschreiten würde. Dies geschah jedoch nicht.

Sie näherten sich einem Gartencafé, einer größeren Anlage mit Tischen und Bänken, gesäumt von Büschen und ein paar Bäumen.

Es schien, als würden sie erwartet. Rechts saßen, alle Bänke füllend, Einheimische und sahen Mike kritisch und mitleidig an.

Linker Hand saß ganz vorne am Eingang des Cafés Ddd...t und schaute sich bestätigend um, so als wolle er sagen, "Seht ihr, es geht ihm gut."

Mike erkannte eine Gruppe, die etwas abseits stehend, geschart um den Besitzer des blauen BMW, drohend und lauernd die Szene beobachteten.

Ein paar Meter davon entfernt standen ungefähr sieben bis acht Personen, welche zu Tachat gehörten.

Offensichtlich gab es eine Beurteilung von der Öffentlichkeit, einberufen durch Tachat, den Zustand von Mike zu analysieren und eventuell einzuschreiten.

Die andere Gruppe um den Franco-Tunesier schien dies mit ihrer drohenden Präsenz verhindern zu wollen.

Mike wurde von Mohamad auf einen Stuhl bugsiert und Ddd...t verhielt sich so, als ob er mit ihm freundlich im Gespräch sei.

Dann wurde für ihn ein Tee bestellt, den er trinken sollte. Jetzt konnte er passiv Widerstand leisten.

Er gebärdete sich, als wenn er sich vor dem Tee fürchten würde, sah ihn entsetzt an, roch daran und seine ganze Körpersprache verriet, er hatte Angst vor dem Tee.

Die Einheimischen und die Gruppe um Tachat blickten im Triumph zu Ddd...t, während die Kerle um den BMW-Fahrer bedrohlich mit Blicken signalisierten, er solle etwas unter-

nehmen.
"Trink deinen Tee, sonst wirst du heute Nacht tot sein", zischte Mohamad.
Mike schüttelte den Kopf. Der Franco-Tunesier machte einen aggressiven Schritt nach vorne.
Mike überschlug in Gedanken, es hätte keinen Sinn, jetzt eine Entscheidung zu treffen.
Die Menschen, welche ihn beurteilen sollten, waren ältere Männer und ein paar Jugendliche, die niemals aktiv in einen Kampf einschreiten würden. Ebenso würde keiner von ihnen offen die Polizei rufen.
Umgekehrt könnte er seine Lage nur noch weiter verschlimmern und womöglich einen noch schnelleren Entschluss herbeiführen, ihn zu töten.
Deshalb nahm er den Tee und trank.
Damit waren schlagartig alle Karten für eine Hilfe von draußen verspielt.
Wie bei der Beendigung einer Gerichtsverhandlung standen alle auf, einschließlich Mohamad, Mike und Ddd...t, und gingen jeweils in andere Richtungen nach Hause.
Auf dem Rückweg tobte Ddd...t, und Mike konnte so viel verstehen, dass er über ihn wütend war, da er die Theateraufführung gefährdet hatte.
Wieder stieg in ihm eine kleine Hoffung auf, dass seine Gestik dazu ausgereicht hatte, Misstrauen aufkommen zu lassen und einer der Zuschauer sich ein Herz fasste und zur Polizei ging. Jetzt konnten Faruk und seine Leute ihn auch nicht so ohne weiteres verschwinden lassen, dafür war jetzt zu deutlich geworden, dass Mike nicht ganz freiwillig bei ihm war.
Faruk wartete schon auf die drei. Er hatte von Aisha die Vorgänge geschildert bekommen und erfuhr mit schnellen Worten von Ddd...t den Rest der Geschichte.
"Das nützt dir gar nichts", wandte er sich an Mike. "Der

Priester ist jetzt auf meiner Seite. Ich hab ihn gefügig gemacht. Sieh her", und er ergriff die Hand des Mullah, der hinter ihm stand.
Mike sah mit einem Blick den Ring, welcher noch morgens an Faruks Hand blitzte. Jetzt trug ihn der Priester, und er sah mit verschleierten Augen zu Mike.
Am Morgen waren diese Augen wach und kommunizierend auf ihn gerichtet gewesen, jetzt am Abend schaute er teilnahmslos durch ihn hindurch. Welchen Zauber hatte Faruk angewandt, und wie viel hatte es mit dem Ring zu tun?
Faruk bot dem Priester an, ihn und seine Frau zurück zu fahren.
Dieser nahm an, und so fuhren sie, einschließlich Mike, über die libysche Grenzstadt Ben Gardane Richtung Berge nach Tataouine .
Die Fahrt verlief schweigend, und als sie den Ort erreichten, war es stockfinster. Außerhalb der Städte und größeren Dörfer gab es kein Licht. Auch das Anwesen lag in tiefer Dunkelheit, und nur mit Mühe konnte Faruk den Weg dahin finden.
Vor dem Eingangstor stiegen alle aus. Es gab eine kurze Verabschiedung, und Faruk gebot Mike zu warten, bis er den Wagen gewendet hätte.
Mike trug aus Gewohnheit fast ausschließlich offene Gummischlappen an den Füßen.
Jetzt, im Scheinwerfer des wendenden Wagens, sah er, dass das steinige Gelände mit Skorpionen, welche nachts aktiv werden, förmlich überflutet war.
Starr wie eine Säule blieb er stehen. Dass ihn bis jetzt keiner dieser Giftbiester gestochen hatte, grenzte an ein Wunder. Er ging keinen Schritt und wartete, bis der Wagen fast über seine Füße vorfuhr.
Boshaft grinsend nahm ihn Faruk auf, wissend von den Skorpionen und im Stillen wahrscheinlich hoffend, so die

Angelegenheit auf natürliche Weise und ohne lästige Fragen erledigen zu können.
"Allah schützt mich. Er lässt nicht zu, dass ihr mich umbringt", sagte Mike mit Überlegenheit in der Stimme.
"Wir werden sehen", antwortete ihm Faruk. Er drückte auf einen Knopf neben dem grünlichen Rechteck und redete schnell und in einem Dialekt los.
Als Antwort erhielt er Städtenamen und Zahlen, dann den üblichen Koransingsang mit dem bedrohlichen Mushbehi.
"Sie wollen, dass ich zu einem Ende komme. Ich muss sehen was ich mache", sagte Faruk müde.
Sie fuhren schweigend durch die Nacht zurück. Mike wälzte seine Gedanken, ohne ein nutzbares Ergebnis zu erhalten. Er sah alles Unmittelbare klar vor Augen, konnte aber keine einheitliche Analyse des Ganzen durchführen, weil ihm nach wie vor wichtige Einzelheiten fehlten.
Er fühlte sich dem Irrsinn nahe, denn er war durch die Schmerzen und die permanente Nähe seiner Aufpasser handlungsunfähig.
Als sie die Stadtgrenze von Zarzis erreichten, konnte er mehrere Wagen ohne Licht, etwa 10 Meter vor ihnen am Straßenrand, stehen sehen.
Jetzt blendeten alle gleichzeitig die Lampen auf und versuchten, die Straße zu blockieren. Faruk trat auf das Gaspedal und fuhr mit hoher Geschwindigkeit durch die Blockade. Offensichtlich wollten sie ihre Autos nicht ruinieren, denn keiner versperrte ihnen den Weg.
Sie wurden jedoch im Abstand verfolgt, und erst kurz vor der Abzweigung zu Faruks Haus ließ man von ihnen ab. Das Gesicht von ihm war fahl, und seine Augen wirkten müde.
"Ich muss auch meine Familie schützen", sagte er.
Im Innenhof, allein im Dunklen, saß Mohammed, sein Bruder, und erwartete sie.

Faruk berichtete schnell und knapp die Vorgänge des Tages. Hasserfüllt starrte Mohammed zu Mike. Sie machten ihn alle, die ganze Familie, dafür verantwortlich, was passierte, gaben ihm die Schuld für etwas, das Mike selbst nicht bis ins Letzte verstand. Vielleicht waren sie nur erbost, dass er so zäh war und nicht längst an seinen Qualen, die sie verursacht hatten, gestorben war?
Müde und mit letzter Kraft legte er sich auf seinen Diwan und schloss die Augen.
Nach einigen Minuten schlug er plötzlich angeekelt etwas von seiner Brust. Es war eine riesige Kakerlake, welche über seinen Körper kroch. Fast jede Nacht hatte er mit diesen Viechern zu kämpfen. Tagsüber sah man sie kaum, und Mike hatte sie grundsätzlich als Bestandteil des südlichen Lebens akzeptiert. Doch wenn die Biester über ihn krochen, überfiel ihn jedes Mal Abscheu.

*

Kapitel VI

Als er am nächsten Morgen aufwachte fühlte er eine geistige Kraft, wie lange nicht mehr. Er entschloss sich, wenn er schon sterben sollte, dies nur im Kampf zu tun. Er wollte seine Peiniger sichtbar machen.
Faruk fuhr zu den Geschäften, und Mike duschte sich und stahl aus der Küche etwas Brot, welches sicherlich nicht präpariert war.
Er wurde umgehend von der Mutter Faruks entdeckt, die mit lautem Geschrei die Bewohner des Hauses herbeilaufen ließ.

Mike blieb ungerührt. Die letzten Tage hatte er eine Gleichgültigkeit entwickelt, die ihm zusätzlich half zu überleben. Er konnte nicht darauf vertrauen, dass die für ihn gemachten Speisen ohne Zusätze waren. So überwand er alle Regeln und nahm sich, was er für "sauber" hielt.
Er setzte sich in die gleißende Sonne, rauchte eine Zigarette nach der anderen und wartete ab. Ihm war mittlerweile bei 35 Grad im Schatten kalt. Er fühlte die Hitze nicht mehr. Sein Körper war weiß und der Ring, den er trug, fast schwarz.
Er hatte einen Silberring an, verziert mit ethnischen Zeichen, schon vor langer Zeit in Deutschland gekauft und nie vom Finger gezogen.
Dieser Ring wurde bei den ersten Vergiftungsanschlägen flekkig und war mittlerweile schwarz geworden. Er hatte ihn oft vorwurfsvoll Faruk entgegen gestreckt und ihm damit gezeigt, was im Inneren seines Körpers vorging.
Silber hat die Eigenschaft, alle chemischen Vorgänge im Körper anzuzeigen. Deshalb sagt man auch, wer glänzendes Silber trägt, der muss gesund sein.
Er roch sich selbst. Es war ein modriger, leicht fauliger Gestank, welcher von ihm ausging. Er konnte es auf seiner Haut riechen, und es hatte nichts mit Unsauberkeit zu tun. Es waren die Gifte, welche seine Innereien angriffen und seinen Darm fast stündlich zum entleeren brachten. Oft hatte er das Gefühl, er wäre von innen schon hohl und es gäbe nichts mehr, was aus ihm laufen könnte.
Er machte einen Plan, wollte mit dem Taxi zu dem Hotel, in welchem die belgische Familie abgestiegen war und in dem Jussuf, der Bruder von Faruk, arbeitete. Dort würde er seine Misere auf den Tisch legen. Er besaß 20 Dinar, genug, um das Taxi zu bezahlen und in dem Hotel etwas zu trinken.
In der glühenden Mittagsonne hatten sich alle in das Haus zurückgezogen.

Keiner kam auf den Gedanken, dass Mike eigenständig in seiner Verfassung das Gelände verließ. Er schlich sich in leicht geduckter Haltung an den Nachbarhäusern vorbei, in Richtung der Hauptstraße. Dort angekommen, winkte er einem vorbeifahrenden Taxi. Es hielt an und er stieg matt von der Anstrengung ein.
Er nannte das Hotel. Als sie ein Stück gefahren waren fragte ihn der Fahrer, wo Faruk sei und ob er wüsste, dass Mike alleine fahre. Mike hatte aus der Vergangenheit gelernt und sagte, er wolle mit der Erlaubnis von Faruk dessen Bruder im Hotel besuchen. Nach etwa 800 Metern Fahrt stand auf der rechten Straßenseite der blaue BMW und dessen Fahrer winkte dem Taxi, es solle anhalten.
Die Berber wechselten einige Worte, dann drehte der Taxichauffeur den Wagen und fuhr kurzerhand zurück. Die Proteste von Mike waren vergeblich, und er wurde im Haus abgeliefert.
Keine Stunde später traf Faruk ein. Man hatte ihn offensichtlich schon informiert und zurück beordert. Wütend lief er auf Mike zu. "Keiner wird dir helfen, begreife das doch", schrie er.
"Ich will sofort zu deinem Bruder, ich werde so lange schreien, bis jemand kommt und mir hilft", forderte Mike. Nach einem heftigen und längeren Disput willigte Faruk zu Mikes Erstaunen ein.
Sie fuhren zum Hotel, gingen in den Eingangsbereich und durften durch einen Gang in den dahinter gelegenen Garten gehen. Dort saß der größte Teil der Urlauber, betreut von Animateuren. Faruk beschwor Mike, sich ruhig zu verhalten und keinen Skandal zu verursachen.
Sein Bruder Jussuf, in Sportdress gekleidet und mit den Gästen albernd, hatte die beiden gesehen und kam mit reserviertem Gesicht auf sie zu.

"Was wollt ihr hier?" Fragend sah er Faruk an. "Mike wollte deine zukünftigen Schwiegereltern besuchen, und ich musste mit ihm kommen", erklärte er. "Setzt euch bitte, ihr bekommt etwas zu trinken. Wir machen gerade ein Spiel, wenn das vorbei ist, können wir reden", forderte Jussuf.

Sie erhielten einen Tisch etwas abseits von den übrigen Hotelgästen, und Mike genoss sein Getränk.

Er schaute sich prüfend um und erkannte, dass 95% der Touristen Franzosen und Italiener waren. Deutsche konnte er kaum ausmachen.

Um seinen Plan nicht zu gefährden, blieb Mike unauffällig und angepasst. Jussuf forderte eine Gruppe Männer und Frauen auf, mit ihm gemeinsam Aerobic auszuführen. Laut rief er Mike zu, er solle sich beteiligen. Der winkte ab, aber Jussuf bestand darauf, und so musste er sich zum Schein darauf einlassen. Bei Rock-Musik vollzogen sie Jazzdance-Übungen, und Mike wurde für kurze Zeit von seinen Problemen und sogar von seinen Schmerzen abgelenkt. Er wunderte sich selbst über seine Kraft, die Anstrengungen durchzuhalten.

Nach diesen Übungen ging er auf Mike zu und bat ihn, sich mit ihm zu setzen.

"Ich darf mit dir nicht über alles reden. Ich werde dir ein Zeichen geben, mit einem Song, den du kennen wirst. Dann wirst du uns verstehen und begreifen, ich riskiere sonst meine Arbeit", sagte er.

Indem er sich erhob, gab er eine Anweisung an den Diskjockey, und nach ein paar Sekunden erscholl das damals aktuelle Lied von Michael Jackson, der Earth-Song, durch den Lautsprecher. Darin beklagte dieser den Untergang der Welt, die Zerstörung der Wälder und das Abschlachten der Tiere, verdammte den damaligen Krieg in Jugoslawien und wünschte sich, wie durch Zauberhand, alles rückgängig zu machen.

Ergriffen hörte Mike zu. Er kannte den Song, und er berührte ihn tief. War das die eigentliche Ursache für all das unverständliche Verhalten von Faruks Leuten? Gab es eine Organisation auf der Basis des Fundamentalismus, die ihr Land vor der Überfremdung und Ausbeutung durch Touristen schützen wollte? Die nicht hinnahm, dass ständig neu gebaute Hotels ihr Leben und ihre Tradition einschränkten und ihre Kinder dazu verführten, ein unsolides, mit Alkohol und Prostitution geführtes Leben zu leben?
Die Regierung redete den Einheimischen Wohlstand ein, forcierte den Tourismus mit allen Mitteln. Italienische, französische, auch arabische und amerikanische Geldgeber tummelten sich auf der Insel Djerba und betonierten langsam den Küstenrand zu.
Das hätte Mike doch verstanden. Oft hatte er mit Faruk über Traditionen und Eigenständigkeit der Völker gesprochen. Man hätte doch kein Geheimnis verraten, wenn er davon wusste. Faruk musste ihn doch kennen, er hätte sich niemals gegen die Bewahrung der Lebensart seiner Freunde gestellt.
Stimmte der symbolisch gespielte Song wirklich zu dem Verhalten ihm gegenüber? Oder interpretierte er irgendetwas falsch?
"Hast du verstanden?", fragte Jussuf, und Mike nickte, nicht sicher, dass sie das Gleiche meinten.
Währenddessen hatten sich zwei Gruppen gebildet, die über etwas abstimmen sollten, was dem Anschein nach hohe Bedeutung hatte.
Mike wurde aufgefordert, seine Stimme für den Westen oder den Osten abzugeben. Er verstand nicht. Die Gruppe für den Westen schien größer, für den Osten ein verlorener Haufen zu sein. Dennoch war die Stimme von ihm offensichtlich entscheidend. Er stellte sich spontan zu der westlichen Gruppe und wurde mit großem Hallo und Händeklatschen belohnt.

Der östliche Rest sah drohend und enttäuscht zu ihm.
Blitzschnell versuchte er zu analysieren, was da ablief. Er fragte in die Menge, um was es gehe. Er erhielt Zurufe, seine Stimme würde entscheiden, ob ein Kind zu seinem Vater oder seiner Mutter dürfe.
Vollkommen verwirrt schwankte Mike zwischen den Parteien hin und her, entschied sich dann, ohne zu Wissen warum, für den östlichen Part.
Buh-Rufe wurden laut, Beleidigungen kamen an sein Ohr und wohlwollend wurde er von den anderen aufgenommen.
Mike glaubte, Halluzinationen zu haben. Er konnte sich nicht vorstellen, ein Richter für ein schwerwiegendes Urteil zu sein. Er musste sich täuschen. Das war keine Wirklichkeit. Er träumte. Er hatte bestimmt Wahnvorstellungen.
Jetzt wurde er von zwei Kollegen Jussufs wie zum Schutz in das Innere des Hotels gedrängt. Dort hatte sich eine Art Pressekonferenz gebildet. In der Hotelhalle saß ein Mann mit hellgrauem Anzug und gab etwas Erklärendes an fünf Männer, mit Photoapparaten ausgestattet, ab.
Mike stand hilflos in der Halle. Ihn überkam eine Eingebung, und er ging auf diesen Mann zu. Zwei der Reporter wollten ihn aufhalten, und im Augenwinkel sah er Faruk stehen.

Beherzt ging er weiter und setzte sich neben diesen Mann. Er bat ihn ohne Umschweife, ihm zu helfen, denn er sei in Gefahr. Der Mann erwiderte ganz schnell, er solle sich am Abend zu einem Boot begeben, welches am Strand in unmittelbarer Nähe des Hotels ankerte. Von dort würde man ihn fortbringen und ihn unterstützen, das Land zu verlassen. Dann bat er Mike ebenfalls, sehr vorsichtig zu sein, denn er, dieser Mann selbst, würde bedroht werden und könne sich kaum frei bewegen.
Mike stutzte. Wieso war da ein Boot, vorbereitet für ihn? Was

wusste dieser Mann von ihm? Konnte es sein, das es Verwicklungen gab, in die er nur durch Zufall, jetzt in diesem Moment, geraten war?
Innerlich völlig zusammenbrechend, stand er auf und ging zu Faruk. Die Menschen um ihn herum starrten ihn feindselig an. Was machte er verkehrt? Konnte ihm noch jemand helfen?
Die belgische Familie war nirgendwo zu sehen. Er wollte Jussuf nochmals sprechen, doch dieser war spurlos verschwunden. So musste er mit Faruk das Hotel vollkommen ergebnislos verlassen.
Er befragte Faruk zu dem Geschehenen, erhielt jedoch keine Antwort. Sie fuhren den Weg zurück und blieben den Abend und die Nacht im Haus.
Zu Aisha gingen sie nicht mehr. Entweder wurde es für Aisha zu gefährlich, denn das Haus stand sicher unter Beobachtung, oder sie konnte im Augenblick nichts mehr für Faruk tun.
Sie fuhren allerdings ein drittes Mal nach Tatouine und besuchten den Priester in den Bergen.

Diesmal war es früher Nachmittag, als sie das Gehöft erreichten. Es wurde ihnen förmlich geöffnet und ebenso wurden sie gebeten, das Haus zu betreten. Im Empfangsraum warteten zwei Männer, die Faruk zu kennen schien. Man setzte sich gemeinsam hin, und sie erhielten von der Gastgeberin Tee.
"Das ist ein Mann aus der Regierung von Medenine und der andere, ein Offizier der Armee", stellte Faruk vor.
Mike wurde reserviert mit Kopfnicken begrüßt. Dann sprach der Mullah. Für ihn hörte es sich an, als mache dieser Anschuldigungen. Faruk beteiligte sich an dem Gespräch, und blitzartig wurde Mike klar, sie sprachen über ihn.
Faruk erzählte, Mike habe viel getrunken, er habe nach Drogen gefragt, seiner Frau unerlaubte Anträge gemacht und vieles mehr. Er blieb jedoch peinlich darauf bedacht, ihn

gleichzeitig in Schutz zu nehmen.
Empört fiel ihnen der Angeschuldigte ins Wort und schrie: "Lä, lä, lä, c'est ne pas vrai!"(Nein, nein, das ist nicht wahr).
Er wurde mit herrischer Handbewegung von Faruk aufgefordert, still zu sein.
Hoffnungslos versuchte er jedoch, weiter Veto einzulegen. Der Priester sah ihn teilnahmslos an und schien ihn nicht mehr zu kennen. Die beiden Regierungsleute wirkten eher amüsiert, machten aber zwischendurch ein sehr offizielles, ernstes Gesicht.
Mike glaubte zu wissen, welches Spiel Faruk vorführte. Er machte ihn einerseits schlecht, versuchte aber gleichzeitig, ihn auch als reuigen Menschen hinzustellen, dem Faruk helfen wollte. Somit erreichte er für alle Eventualitäten eine Absicherung, und selbst wenn Mike gestorben wäre, hätte sich kaum jemand um den unmöglichen Deutschen gekümmert.
Ohne ein sichtbares Ergebnis verabschiedete sich die merkwürdige Gruppe nach einigen Stunden von einander.
"Du bist wirklich ein Schwein", stellte Mike auf dem Rückweg fest.
Faruk lachte und erwiderte: "Ich kann viel, du wirst sehen."

Mike überfiel einsame Traurigkeit. Er liebte diesen südlichen Teil des Landes mit den malerisch gekleideten Einwohnern, dem scharfen Kontrast des Lichts, welches die Landschaft zu jeder Tageszeit wie im Scherenschnitt aussehen ließ. Er liebte den heißen Wind am Tag und die sternenklaren Nächte, den Himmel randvoll mit Leuchtpunkten, die jederzeit herab zu fallen drohten.
Er würde nie wieder in dieses Land zurückkehren. Sollte er hier lebend herauskommen, keiner würde ihn überzeugen können, diesen Teil der Erde wieder zu betreten. Er hatte eine solche Angst, permanent bestätigt durch die anhaltende

Bedrohung, die von allen Seiten kam.
Sein Wunsch, sich aus der Hektik und dem Statusdruck von Europa zu entziehen, war zerstört. Er hatte etwas erfahren, eher unfreiwillig, was kein Fremder sehen oder hören durfte. Man hatte ihn unterschätzt, für einen oberflächlichen Alman gehalten, der sicherlich nicht in der Lage war, ihre Sprache zu verstehen oder sich für ihre Sitten und Gebräuche zu interessieren.
Eher glaubten sie, er wäre nur auf seinen Vorteil bedacht und würde nur seine Annehmlichkeiten sehen. Obwohl Faruk ihn gut kannte und er nie annähernd ein Verhalten gezeigt hatte, welches solche Rückschlüsse zuließ, wurde sichtbar, die Araber entwickelten das gleiche Schubladendenken wie man es auf der ganzen Welt findet.
"Warum Faruk, warum?", fragte er jetzt. "Ich werde euch nicht verraten und niemals das, was ich gesehen oder gehört habe, Fremden gegenüber erwähnen. Ich gehöre doch zu euch, und du weißt, dass ich hier Leben wollte. Jetzt möchte ich allerdings fort von hier. Ich kann nicht mehr bleiben."
"Das wird nicht gehen, Du kommst nicht mehr weg von hier." Faruks Ton wurde hart und bestimmt. "Ich habe keinen Einfluss mehr, und die anderen wollen es so."
"Wer sind die anderen?" Mike hatte es sooft gefragt und keine Antwort erhalten oder Verschiebungen auf später bekommen. Auch jetzt hielt Faruk sich zurück und vertröstete auf irgendwann einmal.
Als sie, schon in der Dunkelheit, in Ben Gardane ankamen, sahen beide, dass sie aus zwei verschiedenen Autos, welche rechts und links von der einzigen Durchfahrtstraße geparkt standen, von deren Insassen erwartet wurden. Es war die fast gleiche Situation wie schon vor Tagen einmal.
Faruk erhielt von ihnen zwei kurze Lichtsignale. Offensichtlich sollte er stehen bleiben. Er fuhr jedoch schnell

weiter, gleichzeitig kreidebleich werdend.
Die dauernden Bedrohungen hatten Mike auf eine gewisse Weise abgestumpft.
Er ließ vieles geschehen, ohne sich noch groß darüber aufzuregen. Er nahm sich selbst kaum noch war, seine Schmerzen waren ständiger Begleiter, und sein Aussehen interessierte niemanden. Er empfand sich wie unter örtlicher Betäubung.
Spät am Abend erreichten sie das Haus der Familie. Sie gingen in den Wohnraum. Alle Bewohner saßen vor einem Fernseher und starrten gebannt auf eine arabische Soap, welche täglich ausgestrahlt wurde.
Faruk gab ein paar kurze Anweisungen und verschwand. Mike saß zwischen den Menschen, welche ihm jetzt fremd und abweisend entgegen traten. Er wollte aufstehen und ins Bett gehen. Dies wurde jedoch nicht erlaubt, und so wartete er einige Stunden, bis Faruk zurückkehrte.

*

Mike beschloss, egal wie, sich aus seiner Gefangenschaft zu befreien. In der Nacht erarbeitete er eine Strategie, welche er am Morgen sofort umsetzte.
Er zog sich eine Jellaba an und ging, nachdem Faruk das Haus verlassen hatte, einfach aus dem Hof und lief ein Stück die Straße hinunter. Seinem Gefängnis schräg gegenüber stand ebenfalls ein Haus mit einer Terrasse zur Straßenseite. Dieses Gebäude war im Augenblick nicht bewohnt.
Hier hockte sich Mike demonstrativ für alle sichtbar hin. Keiner konnte ihn von der Familie jetzt anrühren. Er machte sich das ungeschriebene Gesetz der Tunesier zu Eigen: solange man sie nicht sieht und hört, exsistiert die Wahrheit nicht.

Sichtbar wurde nur, dass er, erbärmlich aussehend, dort auf dieser Terrasse hockte und offensichtlich Angst hatte. Mochten die anderen Dorfbewohner sich ihre Gedanken machen. Nun konnte man ihn nicht so einfach verschwinden lassen. Durch sein Verhalten würde es Fragen geben, und genau das wollte er erreichen.
Ein alter Beduine aus der Nachbarschaft schlurfte nach einiger Zeit vorbei und blieb stehen.
"Was ist mit dir los?", fragte er. "Das wisst ihr doch alle. Ihr seht doch, was Faruk und seine Familie mit mir anstellen", antwortete Mike fast aufstachelnd.
Der Mann schaute verlegen beiseite und verschwand. Den ganzen Tag hockte Mike auf seinem Platz. Männer, Frauen und Kinder kamen vorbei, grüßten mit einer gezwungenen Normalität und wussten nicht genau, wie sie sich verhalten sollten.

Seine Notdurft verrichtete Mike ebenfalls auf der Terrasse. Niemals, nicht in wildesten Ausmalungen, hätte er sich vorstellen können, derart seine Persönlichkeit zu missachten.
Jetzt, in dieser Lage, war es seine einzige Waffe und gleichzeitig die Chance, öffentliche Reaktionen zu erreichen. Die Leute mussten ihn sehen, mussten anfangen zu reden, damit Faruk nicht mehr im Dunkeln agieren konnte. Kurz bevor die Sonne blutrot zwischen den Dattelpalmen versank, näherte sich der Wagen Faruks.
Er stürzte aus dem Auto, sprang auf die Terrasse und auf Mike zu. Seine Augen glühten vor Zorn, und Mike erkannte ebenfalls Panik in ihnen. Ja, das war die richtige Methode. Entweder würden sie ihn noch diese Nacht umbringen, oder sie würden vor Angst kopflos werden.
"Bitte komm mit mir ins Haus", flehte Faruk. "Dir geschieht nichts. Glaube mir. Bitte, bitte, komm."

Mike ging mit ihm. Diese Nacht hatte er nichts zu befürchten. Die Demonstration zeigte Wirkung. Im Haus herrschte Aufregung. Keiner hatte gewagt, ihn zurück zu holen.
So hatten sie sich entschlossen, ihn, als wäre sein Verhalten ganz alltäglich, dort sitzen zu lassen und abzuwarten, was passierte.
Am nächsten Tag machte er das Gleiche. Sie hatten ihn bis jetzt nie eingeschlossen. Sie hatten zwar versucht, ihn aufzuhalten, aber nie wurden sie direkt handgreiflich. Deshalb konnte er auch dieses Mal, zwar unter Protest der Familie, zu der Terrasse gehen. Faruk war wie gewohnt morgens fortgefahren.
Gegen Mittag hörte Mike von der *Route de Hotels* laute Musik und Parolen rufende Menschen. Es schien ein Umzug zu sein. Er konnte nicht genau ausmachen, was es war. Ihm schien, als sei eine politische Feier, eine örtliche Wahl oder ähnliches im Gange.
Blitzschnell war sein Plan fertig. Jetzt oder nie, er musste auf die Straße. Irgendjemand würde ihm helfen, wie, wusste er nicht.
Er ging ins Haus. Er zog sich seine Hose und ein Hemd an, steckte sein bisschen Geld mit seinem Reisepass und seinem Flugticket ein, welches er pro forma damals gekauft hatte, und verließ vorsichtig das Haus.
Mit langsamen, mühevollen Schritten schleppte er sich, in der Mitte des Weges gehend, weiter. Nach einigen hundert Metern Gehens stellte sich ihm ein höchstens neunzehnjähriger Junge in den Weg. Er hatte mit einer Gruppe Jugendlicher in einem Hauseingang gestanden und versuchte jetzt, Mike aufzuhalten.
"Du gehst zurück", zischte er. Mike kannte ihn vom Sehen. Er wusste nicht genau, ob es ein Vetter oder Cousin von Faruk war. Es gab zu viele davon.

Wortlos, stur geradeaus blickend ging Mike weiter. Er wusste, keiner wagte es jetzt ihn aufzuhalten. Wütend sah der Junge ihm nach und verschwand dann überstürzt in einem Haus. Wahrscheinlich wollte er über Telefon jemanden benachrichtigen.
Mike ging Schritt für Schritt, der *Route de Hotels* näher kommend, weiter.
Tatsächlich war die Straße angefüllt mit kleinen Lastwagen, auf deren hinterer Ladefläche Männer standen und Fahnen schwenkten. An der Straße säumten Kinder und Frauen den Rand und winkten. Durch ein Megaphon wurden Parolen skandiert, die Mike nicht verstand.
Im Schutz dieser Menschen ging er, genau in der Mitte der Straße bleibend, links dem Zentrum entgegen. Er schaute sich angstvoll um, ob jemand sich ihm näherte oder ihm folgte.
Einige Gesichter kannte er. Sie sahen ihn starr und drohend an, konnten aber nichts ausrichten.
Mike hastete jetzt, mit jedem Schritt sich quälend, weiter die Straße entlang. Er kam in die Sichtweite eines der ältesten Hotels dieses Ortes, das gleiche, in dem er vor 25 Jahren das erste Mal gewohnt hatte.
Er glaubte ohnmächtig zu werden. Die Hitze, das Gift in seinem Körper und seine kraftlosen Muskeln wurden ausschließlich von seinem Willen zu leben überlistet.
Direkt gegenüber der Hoteleinfahrt gab es ein altes Geschäft mit Souvenirs und T-Shirts, Filmen und Keramik. Vor der Türe stand ein aufrichtig und ehrlich aussehender junger Mann, den Mike ebenfalls vom Ansehen her kannte.
Er ging auf ihn zu und bat um Hilfe. "Faruk ist sehr schlecht. Ich kenne dich, ich habe dich oft mit Faruk gesehen. Ich habe keine Angst vor denen. Faruk ist krank in seinem Kopf. Ich werde dir helfen", sagte der Mann selbstverständlich und ohne Furcht.

Mike zitterten die Beine. Er musste sich setzen. Endlich wollte ihm jemand beistehen. Er schilderte in kurzen Sätzen Bruchstücke von dem, was ihm geschehen war. Der Junge schüttelte ständig ungläubig seinen Kopf, aus Entsetzen darüber, was man Mike angetan hatte.
"Ich muss dringend nach Deutschland telefonieren. Ich muss Nachricht geben, damit man mir helfen kann. Bitte gib mir Münzen, ich habe nur ein paar Scheine", sagte Mike und streckte ihm das Geld hin.
Entgeistert starrte der Mann auf die Scheine. "Das ist altes Geld und verboten. Du bekommst es in Libyen getauscht, kannst aber hier offiziell nicht damit bezahlen."
So hatte ihn Faruk auch damit in der Hand gehabt. Er hatte ihm das Geld gegeben. Hätte er mit diesem Geld außerhalb des Kreises von Faruk bezahlt, wäre er wegen Betruges verhaftet worden. Auch da wäre er als Ausländer in einer schlechten Lage gewesen.
Er erhielt seine Münzen und lief auf die andere Straßenseite zu einer offiziellen Telefonstation, mit vier Fernsprechern ausgestattet. Einige abseits stehende Männer und Jugendliche hatten Mike beobachtet. Als er die Station betrat, liefen fünf der Jungen ihm nach und blockierten die freien Telefonapparate. Sie wollten verhindern, dass Mike Signale nach draußen setzen konnte.
Einer von ihnen rempelte ihn an und fauchte giftig: "Geh nach Hause und warte auf Faruk."
Mike lief zurück und berichtete seinem Helfer. Dieser zog ihn am Arm und schleppte ihn mit entschlossenen Schritten zurück zu Telefonstation.
Ein heftiger Wortwechsel setzte ein, aber Sahir, so hieß sein Helfer, ließ sich nicht beirren und machte ein Telefon für Mike frei.
Mit fliegenden Fingern wählte er Deutschland an und hoffte

auf einen Anschluss zu Paul. Leider lief nur dessen Anrufbeantworter und Mike stammelte seine Botschaft.

"Bitte hol mich hier raus. Wenn du mich nicht rettest werde ich sterben. Benachrichtige die deutsche Botschaft."

Dann wählte er die Nummer seiner Freundin Juliana. Am anderen Ende der Leitung meldete sich ihr Mann. "Meine Frau liegt mit einer schweren Oparation im Krankenhaus, was kann ich für Sie tun?", fragte er.

"Bitte, hören Sie mir genau zu", flehte Mike. "Ich werde hier sterben, man hat mich vergiftet. Geben Sie bitte eine Nachricht an die deutsche Botschaft und versuchen Sie, jemanden zu bekommen, der mich hier schnell aus dem Land bringt. Sonst sieht man mich nicht mehr wieder."

Mike stammelte die Information, verhaspelte sich und sein Mund wurde trocken. Endlich, nach so vielen Wochen, hatte er die Chance, ein Lebenszeichen von sich zu geben. Er konnte jetzt nicht mehr zurück. Er musste jetzt nach vorne.

Sahir stand beschützend bei ihm, und als sie die Telefonstation verließen, sagte er: "Du musst in ein Hotel gehen. Hier im Zita kannst du unterkommen. Ich kenne ein paar Leute dort, und ich werde dir Geld geben, damit du ein paar Tage überbrücke kannst."

"Sie werden dich nicht mehr in Ruhe lassen. Wenn du mir hilfst, wirst du ebenfalls Probleme bekommen", zweifelte Mike.

"Sie werden mir nichts tun. Es sind nicht alle Menschen hier im Ort schlecht. Sie haben zwar Angst vor Faruk, aber sie werden dir helfen." Hoffnung erfasste Mike. "Bitte, dann geh mit mir zum Hotel und spreche für mich", sagte er.

"Nein, ich darf den Hotelkomplex nicht betreten. Geh alleine, ich werde am Tor stehen bleiben und aufpassen", bestimmte Sahir.

Er drückte Mike 100 Dinar in die Hand und versprach, am

nächsten Morgen nach ihm zu schauen. Am Vormittag dürfe er das Hotel betreten. Mike ging mit weichen Knien und mit bis zum Hals schlagendem Herzen die lange Anfahrt zum Hotel hinunter. Er glaubte, durch die Sträucher und Büsche der Anlage Verfolger ausmachen zu können.
Am Eingangsportal angekommen, stieß er die Tür auf und schleppte sich zur Rezeption. Dort sah man ihm streng und misstrauisch entgegen.
"Bitte geben sie mir ein Zimmer für drei Nächte. Ich habe kein Gepäck und werde kurzfristig nach Deutschland zurück fliegen. Hier ist mein Pass." Der Rezeptzionist rief einen Kollegen aus dem hinteren Raum dazu. Sie diskutierten einige Minuten und lehnten dann bestimmend ab.
"Wir sind ausgebucht und wollen Sie nicht aufnehmen. Sie wohnen doch bei Faruk, warum kommen Sie hierher?", fragte der hinzu Gekommene.
Es war ein Onkel von Faruk. Er arbeitete hier und kannte offensichtlich die Verhältnisse.
"Wenn Sie mir nicht helfen, werden Sie bestraft", drohte Mike. "Die Botschaft ist schon informiert, und spätestens morgen wird man hier nach mir fragen. Sie bekommen Probleme, wenn Sie mir nicht helfen." Mike war in seiner Verzweiflung alles egal. Er musste so tun, als ob es nur noch eine kurze Frage der Zeit sei, dass ihn jemand retten würde.
"Ich möchte sofort nach Deutschland telefonieren", befahl er. Auch das wollten sie ihm verwehren und begannen mit einer Verzögerungstaktik.
Plötzlich wurde die Eingangstür aufgestoßen und Sahir stand entschlossen mitten in der Empfangshalle.
Er hatte es sich wohl überlegt und war trotz des Verbotes gekommen, um Mike zu helfen.
Er redete auf die Männer am Empfang ein, und Mike erhielt sein Telefonat und ein Zimmer. Er wählte die Nummer eines

befreundeten Ehepaares. Deren Sohn meldete sich, und Mike stammelte hastig seine Nachricht, benannte das Hotel und gab die Telefonnummer für einen Rückruf durch. Jeder, der mit ihm gesprochen hatte, musste ihn für verrückt halten. So unwahrscheinlich klang das, was er erzählte.
Seine Panik hatte jedoch zur Folge, dass sich seine Freunde unter einander verständigten und sein Freund Paul sich sofort um einen Flug nach Tunesien bemühte. Da das ganze Ausmaß nicht klar war und man sich selbst nicht in Verlegenheit bringen wollte, ließ man die Benachrichtigung der Botschaft aus.
Mike hatte sich, vollkommen erschöpft, auf sein ihm angewiesenes Zimmer begeben. Dort bemerkte er, dass die Türe nicht zu verriegeln war.
Wieder geriet er in größte Panik. Er hatte vor allem und jedem Angst. Jetzt würde keiner mehr auf ihn Rücksicht nehmen. Er musste sehr wachsam sein. Er legte sich auf das Bett und fixierte die Zimmertür. Ab und zu huschte eine Gestalt über den Gang. Einmal blieb genau jemand vor seiner Tür stehen, zögerte und ging weiter. Mike, aus dem schon seit Tagen nur noch wässrige, faulig stinkende Brühe floss, schleppte sich zum Badezimmer und versuchte unter Krämpfen, sich zu entleeren. Gleichzeitig überfielen ihn diese wiederkehrenden Angstzustände. Es wurde von Stunde zu Stunde irrationaler. Trotz seiner Erschöpfung schlief er nicht ein.

*

Ganz früh am Morgen, der Speisesaal hatte gerade geöffnet, schlich er sich an einem der Kellner vorbei und setzte sich in eine verdeckte Ecke des Saales. Alles kam ihm bedrohlich vor. Die Bedienung, bestimmt nicht erfreut über den abgemagerten, nicht geduschten Gast, verhielt sich auch nicht freundlich. Er mümmelte ein Brötchen und trank ein Glas Orangensaft. Sein Körper war solange von regelmäßigem Essen entwöhnt, dass er keinen richtigen Hunger verspürte. Er aß nur aus Gewohnheit und der Vernunft, nicht ganz zusammen zu brechen.

Er ging zurück in die Hotelhalle und setzte sich in eine Sesselgruppe. Verschiedene Gäste reisten ab und andere eroberten als Neuankömmlinge die Rezeption. Er sah eine Reiseleiterin seines Unternehmens, bei dem er gebucht hatte. Als sie sich aus einem Gespräch löste, ging er auf sie zu. "Entschuldigen Sie bitte, halten Sie mich nicht für verrückt oder betrunken. Ich bin gestern geflüchtet und muss so schnell wie möglich nach Deutschland. Bitte helfen Sie mir." Er streckte ihr sein Flugticket entgegen und hoffte auf ihr Verständnis. Sie sah ihn einen Augenblick an, entschied dann, dass er zwar abgerissen und erbärmlich aussah, sonst jedoch den Eindruck machte, als würde er die Wahrheit sagen.

"Ich werde mich um Sie kümmern. Kommen Sie übermorgen an den Flughafen von Djerba. Am Nachmittag geht eine Maschine, und dort sind noch Plätze frei. Ich werde Ihnen einen reservieren und veranlassen, dass Ihnen geholfen wird."

Mike bedankte sich überschwänglich und dankte gleichzeitig Gott dafür, dass es auch noch Menschen gab, die nicht viel fragten, sondern halfen.

Kurz darauf erschien Sahir und brachte ihm ein sauberes T-Shirt mit. Er informierte ihn darüber, dass Faruk zum Schein eine Suchaktion gestartet hatte und so tat, als wüsste er nicht, wo Mike untergekommen war. Dabei hatte Sahir ihm selbst eine Nachricht zukommen lassen und verlangt, Faruk solle das Gepäck von Mike zum Hotel bringen. Auch dies gehörte wohl zur Taktik von Faruk, bis zum Schluss den Unschuldigen zu spielen

Mike erhielt einen Anruf aus Deutschland. Die Frau des mit ihm befreundeten Ehepaares rief an und wollte sich vergewissern, ob er noch lebe. Sie versicherte ihm, dass Paul am nächsten Tag über Tunis nach Djerba fliegen werde, ein Direktflug war in der Kürze nicht möglich gewesen. Mike bat inständig darum, alle drei Stunden angerufen zu werden, damit sichergestellt wurde, dass keiner Hand an ihn legte. Es wurde ihm versprochen und gleichzeitig nachgefragt, ob er eventuell Drogen genommen hätte. Er war einfach zu müde und zu geschwächt, um heftige Empörung aufkommen zu lassen. "Bitte, ich bin vollkommen normal. Ich werde euch alles erzählen, wenn ich in Deutschland bin", sagte er matt.
Auch seine Freundin Juliana hatte sich große Sorgen um ihn gemacht. Sie musste eine schwere Operation überstehen, und die Ärzte standen vor dem Rätsel, dass ihre Operationsnarbe nicht verheilen wollte und, im Gegenteil, dauernd neu blutete. Faruk hatte erwähnt, dass seine Kräfte weit über die Grenzen von Tunesien hinausgehen konnten. In dem momentanen Zustand hielt Mike es für durchaus möglich, dass seine Freundin ebenfalls in Gefahr war.
Sie hatte sich mit Paul in Verbindung gesetzt und auch ihn davon überzeugen können, Mike beizustehen. Anfänglich hatte Paul sich geweigert. Er hatte noch die Streitigkeiten von seinem letzten Besuch vor Augen und glaubte eher daran, dass Mike sich unbeliebt gemacht hatte und nun sehen sollte, wie er aus der Misere heraus kam.
Da Juliana aber so stark auf ihn einredete und andeutete, sie habe schon einiges als Ahnung vorausgesehen, ließ Paul sich erweichen und flog.
Mike hatte sich am frühen Mittag in die Aufenthaltsanlage begeben und setzte sich dort in die Nähe des Swimmingpools. Da er die heiße Sonne nicht mehr spürte, achtete er auch nicht auf mögliche Schäden. Die Menschen um ihn herum kamen

ihm fremd und verblendet vor. Sie wirkten so oberflächlich und einfältig. Dazwischen sah er Paare und einzelne Männer. Sie wirkten alle, als seien sie miteinander verschworen. In Mikes Fantasie gehörten sie zu Faruks Leuten und warteten nur darauf, Mike zu erwischen und ihn seiner Rettung zu entziehen. Mit keinem Gedanken kam er darauf, dass er von Halluzinationen und bedrohlichen Wahnvorstellungen heimgesucht wurde. Er war so entkräftet und sein Körper so von allen Mineralien und Vitaminen entledigt, dass es an ein Wunder grenzte, ihn lebend zu sehen.

Er saß auf seiner Bank und betete ohne Unterlass, nicht aufhören könnend: "Lieber Gott, lass Paul kommen und mich holen. Lass mich hier heraus kommen."

Es war wie eine angestellte Platte in seinem Hirn, und wieder, immer wieder, liefen diese Sätze ab.

Er ging nicht zum Abendessen, sondern fragte an der Hotelhalle nach einem Apfel, der ihm widerwillig besorgt wurde.

Er suchte früh sein Zimmer auf und lauschte angestrengt auf die Geräusche von draußcn. Er nahm jede Nuance der verschiedenen Laute war. Ein Vogel, der zwitscherte, ein Teller, welcher in der nahe gelegenen Hotelküche zu Boden klirrtc, das Lachen von Frauen, die sich für die Nacht vorbereiteten, um zum Tanzen zu gehen. Auch das Knacken der Äste in den Bäumen rund um die Anlage nahm er war.

Daneben hatte er nur den einen Gedanken. Paul würde kommen und ihn befreien. Gleichzeitig überfiel ihn die Angst, man würde sie nicht abreisen lassen. Mike glaubte, dass es möglich sei, sie beide verschwinden zu lassen.

Die Nacht konnte er ebenfalls nicht schlafen. Er hatte keine Müdigkeit in sich, seine Sinne waren zum Anschlag geschärft. Gegen fünf Uhr morgens versuchte er, eine Dusche zu nehmen. Sein Unterleib verursachte ihm solche Schmerzen, dass

er nicht in der Lage war, richtig aufrecht zu stehen. Er spürte nicht die Wärme des Wassers und bekam nicht das übliche, kurze Gefühl der Frische und Reinheit.
Er beschloss erneut, den Speisesaal aufzusuchen und eine Kleinigkeit zu frühstücken. Auf dem Weg dorthin wurde er von zwei Urlauberinnen angesprochen.
"Was ist mit Ihnen los?", fragten sie.
"Ich habe hier gelebt und bin vergiftet worden. Ich musste vorgestern flüchten und warte in diesem Hotel auf Hilfe", erklärte Mike.
Die beiden Frauen, eine etwa 55-jährige, grauhaarige Dame und ein junges, etwa 20-jähriges Mädchen, sahen ihn mitleidig an. Dann reagierte die Ältere: "Mit Schwierigkeiten wollen wir nichts zu tun haben, wir sind hier im Urlaub und wollen keine Probleme. Viel Glück." Sie drehten sich um und liefen davon.
Mike kamen Berichte von Menschen in den Kopf, die wegen unterlassener Hilfeleistung in Not geraten oder zu Tode gekommen waren. Das also sind deine Mitmenschen, dachte er.
Die ganze Situation war absurd. Im Hotel war er ganz eindeutig unerwünscht. Niemand von der Hotelleitung benachrichtigte jedoch die Polizei oder versuchte, ihren unliebsamen Gast loszuwerden. Die Hotelgäste taten, als sei er Luft. Niemand nahm Anteil an seinem Schicksal und bot irgendeine Hilfe an.
Er setzte sich wieder an den Pool ganz in die Nähe einer Gruppe von Männern, welche Karten spielten und zu ihm herüber sahen. Nach einiger Zeit fasste sich Mike ein Herz und setzte sich zu ihnen. Einer fragte, warum er hier im Hotel sei. Man hätte gehört, er sei in Drogendelikte verstrickt. Mike versuchte zu erklären, was ihm passiert sei. Da stand einer der Typen auf und warf ihn samt seiner Kleidung in den Pool.

Triefend vor Nässe kletterte er aus dem Wasser, verwundert darüber, dass er keinen Hitzschlag erlitten hatte oder kraftlos untergegangen war.
Mike setzte sich, als sei nichts vorgefallen, wieder auf seine Bank. Er spürte die Nässe nicht mehr, fürchtete jedoch, eine Nierenentzündung zu bekommen. Da er keinen Entscheidungswillen hatte, blieb er über Stunden einfach sitzen und wartete. Als es dämmerte, ging er zurück auf sein Zimmer, die nicht abzuschließende Tür fixierend und fast alle zehn Minuten das Bad aufsuchend.
Erstaunlicher Weise machte ihm sein Darm, unabhängig von seinen Schmerzen, tagsüber kaum Probleme. Erst gegen Abend fing das Ziehen und Rumoren in seinem Bauch an.
Er war wohl doch ein bisschen eingenickt, als gegen Mitternacht an seine Tür geklopft wurde. Er sprang auf und rief mit Panik: "Wer ist da?" "Ich bin es", klang ihm eine vertraute Stimme entgegen, und gleichzeitig schossen Mike Tränen ins Gesicht.
Paul war angekommen und hatte sich sofort zu ihm bringen lassen. Stotternd und sich in der Stimme überschlagend, versuchte er, Paul zu berichten. Dieser blockte ab und versicherte, er sei zunächst außer Gefahr und könne jetzt bis zum Morgen etwas schlafen. Das erste Mal seit so vielen Wochen machte er die Augen beruhigt zu und schlief tatsächlich ein.
Er wurde jedoch nach wenigen Stunden wieder wach und bemerkte, dass Paul mit geöffneten Augen an die Decke starrte. Ihm setzte die verworrene Geschichte gewaltig zu, er versuchte jedoch gleichzeitig, Mike davon zu überzeugen, dass keine Gefahr bestand und sie beide am Morgen in Ruhe abfliegen konnten.
"Du hast keine Ahnung", versuchte Mike das Gespräch zu eröffnen.
"Faruk hat damit gedroht, mich nicht aus Tunesien zu lassen.

Deine Ankunft ist schon bei allen, die darin verstrickt sind, bekannt. Glaube nicht, dass wir geschützt sind."
"Man kann doch einen Menschen nicht so einfach verschwinden lassen." Verunsichert und mit verzagter Zuversicht redete Paul auf Mike ein. "Ich bin hier bekannt und habe ein Schiff, die ganze Familie von Foussi ist mit mir befreundet."
"Foussi hat schon seit Wochen Schwierigkeiten mit Faruk", entgegnete Mike. "Er hat Angst vor ihm, und in seiner Familie sind eigenartige Krankheitsfälle aufgetreten. Er weiß genau, was mit mir geschieht, aber er hat keine Anstalten gemacht, mir beizustehen."
"Du kannst versichert sein, mein Verhalten war in allen Punkten korrekt. Ich habe keinem einen Anlass gegeben, der es rechtfertigt, mich so zu behandeln."
Mike ärgerte sich über Paul. Er war so froh, endlich jemanden bei sich zu haben, dem er Vertrauen konnte, und jetzt zweifelte derjenige an seiner Glaubwürdigkeit und an seinem Verhalten.
"Ich kann wirklich nicht verstehen, warum Faruk dir das angetan hat. Er muss doch Angst vor Strafe haben. Er kann doch nicht glauben, dass du dir das alles so einfach gefallen lässt?" Paul war ein einziges Fragezeichen.
"Er hat überall seine Freunde, und sogar die Polizei ist in seine Planungen mit einbezogen. Deshalb konnte ich mich ja auch nicht befreien und das Land verlassen. Wir werden morgen sehr vorsichtig sein. Du musst mit dem Hotelbus nach Zarzis fahren und von dort mit einem Taxi zurückkommen, welches uns zum Flugplatz bringt. Den hier ansässigen Fahrern kannst du nicht vertrauen. Sie werden uns nicht fortlassen und Faruk benachrichtigen."
Mike überschlug sich wieder in seinem Reden. Es war alles so unglaublich. Er selbst konnte die ganze Situation nicht verstehen, wie sollte sie Paul begreifen?

Mike berichtete ihm von der Reiseassistentin und deren Angebot, ihm einen Platz im Flugzeug zu reservieren. Sie würden, wenn alles gut ginge, am Nachmittag das Land verlassen. Vorrangig war es zunächst, auf die Insel Djerba zu kommen, ohne von Faruks Leuten aufgehalten zu werden.
"Du wirst dich jetzt duschen, dann gehen wir gemeinsam in den Speisesaal. Danach setzt du dich in die Hotelhalle und wartest, bis ich mit dem Taxi zurück bin." Paul hatte die Eigenschaft, in auswegslosen Lagen eine praktische Seite aufzurufen, mit der er seine eigene Angst vertuschen konnte. Hier half diese Gabe ungemein.
Im Speisesaal wurden sie von den anderen Gästen unverhohlen angestarrt.
Das Personal war unfreundlich und aggressiv, gleichzeitig spürte man ihre Angst.
Die war auch nicht unbegründet. Wenn Mike das Geschehene publik machen sollte, würden sie unangenehme Fragen gestellt bekommen. Es würde einen Skandal geben, der ebenfalls die Regierung in Tunis mit einbezog. Vor Tunis hatten hier alle Respekt. Der Staat Tunesien machte mit Leuten, die sich über Gesetze stellten, kurzen Prozess. Hier war verbotener Fundamentalismus zu erkennen, ein Gast des Landes war gegen seinen Willen festgehalten worden, und man hatte ihn mit verschiedenen Mitteln versucht umzubringen.
Das reichte aus, um eine Familie lebenslänglich zu ruinieren.
Mike hatte zwar immer wieder versichert, er würde niemandem etwas sagen, wenn er lebend aus dem Land käme, glauben wollte das jedoch keiner.
Er hatte sich selbst fest vorgenommen, seine Peiniger anzuklagen, sobald er Deutschland erreicht hatte.
Sie beendeten ihr Frühstück und gingen mit dem wenigen Gepäck in die Empfangshalle.
Mike platzierte sich in eine Sitzgruppe, und Paul fuhr nach

Zarzis. In der Zeit seiner Abwesenheit ließ Mike die letzten Wochen an sich vorbeiziehen. Er wurde sofort wieder von Panik und Wahnvorstellungen eingeholt. Er schaute sich um und sah an der Rezeption zwei Einheimische, welche heftig auf den Mann am Empfang einredeten. Aus den Gesten konnte Mike erkennen, dass sie ihn in letzter Minute aus dem Hotel holen und zu Faruk oder jemand anderen bringen wollten.
Gott sei Dank erschien Sahir und ging entschlossen auf Mike zu. "Sie werden dir nichts tun, du wirst ohne Probleme zum Flughafen kommen", begrüßte er ihn.
"Das werde ich dir nie vergessen. Ohne dich würde ich nicht mehr leben", sagte Mike mit Dankbarkeit.
Sahir setzte sich zu ihm und blieb, bis Paul mit dem Taxi in der Hotelauffahrt vorfuhr.
Er war bleich, und jetzt sah man ihm die Angst deutlich an. Er hatte unterwegs einige bekannte Gesichter gesehen und war entsetzt, wie feindselig sie ihn anstarrten.
Einer der Männer hatte die Faust gegen ihn erhoben und "Faruk, Faruk" gerufen.
Sie stiegen in das Taxi, und Mike gab den Flughafen als Ziel an. Der Fahrer wurde unsicher und weigerte sich, die Fahrt anzunehmen. Mike flehte, er solle bitte fahren, und gleichzeitig drohte er ihm, er würde zur Rechenschaft gezogen, wenn er die Hilfe verweigern würde.
Widerstrebend setzte er sein Taxi in Bewegung, und sie fuhren über die Touristenstraße Richtung Römerdamm. Am Straßenrand standen vereinzelte Gruppen, und die Menschen starrten dem Taxi nach.
Nach einer halben Stunde Autofahrt kamen sie an eine kleine Polizeistation, und der Taxifahrer hielt an, um sich die Erlaubnis zu holen, über den Damm nach Zarzis zu fahren und, so schien es Mike, die Absicherung seiner Kunden fortzulassen.

Nach zehn Minuten Aufenthalt setzten sie endlich ihre Fahrt fort. Sie erreichten eine Olivenplantage, als plötzlich ein Lastwagen von rechts kommend mitten auf die Straße fuhr und das Taxi stoppte. Es entstand ein Wortwechsel zwischen den beiden Fahrern, und Mike konnte soviel verstehen, dass der mit dem Lastwagen eine Weiterfahrt der beiden Deutschen nicht dulden wollte.

"Wenn Sie uns nicht zum Flughafen bringen, werden Sie bestraft", drohte Mike und wusste gleichzeitig, wie lächerlich seine Geste war.

Offensichtlich konnte er den Taxifahrer jedoch soweit verunsichern, dass der seinen Wagen startete und mit quietschenden Reifen abfuhr. Rückwärts blickend sah Mike in der Hand des anderen einen Stock - oder ein Gewehr? -. mit dem er wild fuchtelnd dem Taxi hinterher drohte.

Paul saß bleich im Fond des Wagens. Er sagte keinen Ton und schaute Mike zum wiederholten Male betroffen und verständnislos an.

Als sie den Römerdamm erreichten, wurden sie von den diensthabenden Polizisten sofort zum Weiterfahren durchgelassen. Sie hatten wohl schon Nachricht von der Polizeistation erhalten, denn es war nicht üblich, ohne Prüfung ein Auto passieren zu lassen.

Mike kam das sehr merkwürdig vor. Was wusste die Polizei? Es schien, als wollten sie die beiden möglichst schnell und ohne Aufsehen forthaben. Hätte Mike etwas Ungesetzliches getan, wäre er sofort festgenommen worden. Hier sah es so aus, als wolle man ihn zu seinem eigenen Schutz schnell entfernen.

Nach einer weiteren halben Stunde Fahrt erreichten sie den Flughafen. Vor der Eingangshalle stand ein großer Pulk Berber.

Sie stiegen aus und steuerten auf den Eingang zu. Gerade als

Mike die Eingangstür öffnen wollte, wurde sie von Faruk aufgerissen und er stand vollkommen starr vor ihnen. Seine Gesichtsfarbe ließ sich mit nichts mehr vergleichen. Sein Teint war wächsern und von solcher Blässe, dass man annehmen konnte, er sei mumifiziert. Hinter ihm stand Foussi, der Kompagnon von Paul, und noch vier Männer, die Mike nur Angesichts kannte.
"Du bist und bleibst mein Freund, du bekommst dein ganzes Geld wieder, das habe ich alles nicht gewollt", stammelte Faruk. "Bitte reise nicht ab, ich habe keine Ahnung, was mit dir geschehen ist, wo bist du überhaupt gewesen?"
"Du Lügner, du alleine hast mir das angetan. Du wusstest, dass ich im Hotel war. Sieh mich an und sage mir, dass du nicht schuld bist", forderte Mike ihn auf.
"Lass uns reden, wir gehen in die Lounge und können alles besprechen. Paul ist hier dabei und wird Zeuge sein", flehte Faruk.
"Es gibt nichts mehr zu besprechen, ich versichere dir, dass ich keinem ein Wort erzählen werde, nur bitte, ich will Tunesien verlassen, und zwar heute. Bringe bitte mein restliches Gepäck oder schicke es nach." Mike zitterte in erneuter Wut und gleichzeitiger Angst vor dem, was Faruk ihm angetan hatte.
"Kannst du das in irgendeiner Weise erklären?", mischte sich jetzt Paul ein.
"Sieh dir bitte Mike an und verrate mir, wieso er dermaßen krank ist!?"
"Ich weiß auch nicht", versuchte sich Faruk zu entziehen. Foussi stand daneben und schüttelte, ebenfalls kalkweiß, seinen Kopf. "Das habe ich alles nicht gewusst", stammelte er, und jeder ahnte, dass er log.
Sie gingen gemeinsam in die Flughafen-Bar und nahmen in einer Sitzgruppe Platz. Mike schaute sich sichernd um und

griff abrupt nach Pauls Arm.
"Sie sind alle hier, bitte, sie werden uns nicht fortlassen, bitte, ich habe solche Angst", stieß er hervor.
In der Bar war die ganze Gruppe der Schwarzen, inklusive ihrem "Hadra"- Priester, dem Franco-Tunesier mit dem BMW und seiner Clique und andere Helfer. Ebenso war Tachat mit seinen Freunden anwesend, als wolle er sich vergewissern, dass Mike sicher in das Flugzeug kam. Alle schauten sie angespannt und prüfend zu Mike und Paul. Keiner kam jedoch auf sie zu, und keiner grüßte zu ihnen hin.
Von draußen hörte man plötzlich einen Singsang, und Mike erkannte das Skandieren von "Hadra, Hadra." Paul hatte es auch gehört und sah Mike fragend an.
Es fiel nicht auf, denn sie waren in einem moslemischen Land. Die Touristen würden sich nicht darum kümmern und die Angestellten des Flughafens nicht eingreifen, da sie keinen Aufstand machen wollten.
Der Gesang wurde lauter und aggressiver. Er kam von der Berbergruppe, die Mike beim Betreten des Fluggebäudes gesehen hatte. Es sollte eine Demonstration der Macht und gleichzeitig eine Warnung an Mike sein, nichts Unüberlegtes zu tun.
Mike forderte Faruk auf, ihn und Paul sofort zu dem Schalter zu begleiten, an dem die Rückflüge gebucht wurden. Auf dem Weg dahin lief er fast der Reiseleiterin von seiner Fluggesellschaft in die Arme.
"Ich habe alles für sie geregelt, sie können mit der Nachmittagsmaschine fliegen", freute sie sich und sah Mike dabei besorgt an. "Ist denn sonst alles in Ordnung? Es ist hier heute so merkwürdig, aber ich habe keine Erklärung dafür."
"Ich kann Ihnen gar nicht sagen wie dankbar ich bin", antwortete Mike. "Sie haben mir wirklich das Leben gerettet." Sie lächelte ein wenig verlegen und wandte sich dann anderen

Fluggästen zu.
Als Mike seine Bordkarte in Händen hielt wurde er etwas ruhiger. Sie mussten nur noch vier Stunden warten, dann würde er nach Hause fliegen. Faruk war die ganze Zeit über sehr kooperativ. Er versuchte, den Eindruck der Fürsorglichkeit zu hinterlassen, wirkte aber bei seinen Handlungen höchst unsicher. Paul fragte ihn wiederholt, wie diese Geschichte zu Stande gekommen sei, erhielt jedoch wie gewohnt nur nichtssagende Antworten.
Foussi versicherte alle fünf Minuten, er habe von der Geschichte nichts gewusst und wolle mit der Sache nichts zu tun haben. Mike nannte ihn ebenfalls einen Lügner, denn Foussi hatte ihn ja ganz zu Anfang vor MicMac und Vergiftungen gewarnt. Das jetzt in den letzten Stunden noch zu klären, wurde jedoch Mike zuviel, und er winkte müde ab. Sie saßen in der Lounge und versuchten, eine Kleinigkeit zu essen und tranken Coca Cola. Mike trank sie mit Genuss und mit Demonstration. Coca Cola galt hier als Symbolik des Westens, und damit war es ein Abkehren der muslimischen Wertvorstellungen. Die anwesenden Beobachter registrierten es und machten dumpfe Gesichter.
Natürlich sind nicht alle Araber oder Moslems so. Nein, es war eine kleine, verschworene Gruppe, die sich an den Fortschritt und an den Tourismus nicht gewöhnen wollte. Mike hatte das Pech, unbedarft und per Zufall genau in dieses Nest zu stoßen. Seine schnelle Auffassungsgabe und seine Geradlinigkeit wurden ihm hier fatal zum Verhängnis. Es war auch die einzige Erklärung, welche ihm blieb, alles andere machte keinen Sinn.
Nach einer ihm endlos erscheinenden Zeit konnten Mike und Paul einchecken. Für Paul waren dies ebenfalls die angespanntesten Stunden seines Lebens. Die spürbare Bedrohung war wie ein unsichtbares Netz um die beiden gelegt, und die

Angst ließ erst von ihnen ab, als sie die Gangway des Flugzeuges bestiegen. Mike verließen alle Kräfte. Er hatte sich Aufrecht halten können, solange die Panik von ihm Besitz hatte. Jetzt traten seine Schmerzen und die Müdigkeit in den Vordergrund. Als sie ihre Plätze eingenommen hatten, fielen ihm die Augen zu.
Die Maschine war vielleicht eine Stunde in der Luft, da wurde er von Krämpfen geschüttelt. Er musste schleunigst die Bordtoilette aufsuchen. Es war, als wolle Faruk sein Werk doch noch beenden.
Endlich landeten sie in Köln, und vollkommen erschöpft fuhren sie zu Mikes Wohnung. Er bat Paul, diese Nacht bei ihm zu verbringen. Er hatte Angst, den nächsten Tag nicht mehr zu erleben. Paul, jetzt wieder näher an seiner Realität, willigte etwas wiederstrebend ein.

*

Am nächsten Morgen meldete sich Mike bei seinen Freunden zurück. Er bat darum, ihm einen Arzt zu benennen, der auf Vergiftungen spezialisiert war und der ihn ebenfalls von seinen mörderischen Unterleibsschmerzen befreien konnte.
Er suchte einen persischen Arzt auf, der seit langem in der Kölner Innenstadt praktizierte. Mike erzählte ihm seine haarsträubende Geschichte, doch zu seinem Erstaunen blieb der Perser sehr gelassen und erklärte, in arabischen Ländern seien diese Methoden üblich, um Menschen gefügig zu machen.
Er verabreichte Mike eine Lösung mit Elektrolyten, die er mehrfach über Stunden bekam. Dann untersuchte er ihn rektal und stellte fest, dass der gesamte Darm, durch welche Substanzen auch immer, quasi zerfetzt war.

Es wurde kein greifbares Gift analysiert, und es konnte nicht festgestellt werden, durch welches Mittel Mikes Erkrankung hervorgerufen wurde. Auch die von Faruk ins Spiel gebrachte Radioaktivität war so nicht zu erkennen.
Er erhielt ein Antibiotikum, das Pferde hätte töten können, und der Arzt blieb mit ihm stündlich in telefonischer Verbindung.
Er hatte so gut wie keine Pigmente mehr, sein Mineralhaushalt war völlig desolat, und der Mediziner wunderte sich, dass Mike noch lebte.
Seine ganze Muskulatur war so geschrumpft, dass er sich kaum auf den Beinen halten konnte. Er lag eine Woche im Bett und stand nur auf, um sich vorsichtig wieder an normales Essen zu gewöhnen.
Ganz langsam kam er wieder zu Kräften und setzte sich mit seinen Freunden in Verbindung. Jedes Mal, wenn er seine Geschichte erzählte, folgte ungläubiges Entsetzen. Mike fühlte sich isoliert. Jeder suchte die Schuld bei ihm. Er konnte zunächst keinen davon überzeugen, dass er das Opfer von Habgier und Fanatismus geworden war. Ihm wurde Leichtgläubigkeit und Dummheit vorgeworfen.
Er suchte den Kontakt zu Arabern und fragte vorsichtig nach Einzelheiten, mehr beiläufig, um keinen Verdacht aufkommen zu lassen.
So erhielt er kleine Bestätigungen von dem, was er erlebt hatte. Er rief Faruk an und bat diesen inständig, er möge ihm die ganze Wahrheit sagen und so eine Erklärung für die Tortour abgeben. Der beteuerte am Telefon sich dauernd wiederholend seine Freundschaft, war jedoch nicht bereit, Fakten zu nennen. Er wollte Mike in Köln besuchen und ihm dann unter vier Augen die Wahrheit zu sagen.
Das wollte Mike natürlich nicht. Er hatte begründet, noch eine tief sitzende Angst vor den weitverzweigten Kontakten, die Faruk sicherlich nutzen würde, zu haben. Sein Bruder Moham-

med lebte in Berlin, sein Bruder Jussuf hatte sich nach Belgien verheiratet. Ein Cousin und auch Foussi lebten seit kurzer Zeit in der Nähe von Paris. Alles nur vier Stunden Autofahrt von Köln entfernt. Nein, Mike wollte kein Risiko eingehen.
Er versicherte Faruk wider besseren Wissens seine Loyalität. Dieser schwor ihm, dass er sein Geld zurück erhalten werde.
Nach einem Monat, Mike hatte sich gesundheitlich etwas gefangen, stellte er den Kontakt zu einem in der Schweiz lebenden Tunesier her, den er Jahre zuvor kennen gelernt hatte und der ebenfalls aus Zarzis kam.
Diesem erzählte er detailgenau die ganze Misere und bat um dessen Hilfe. Sie kamen zu dem Schluss, die tunesische Botschaft zu informieren. Mike setzte sich mit dieser in Verbindung, und er wurde gebeten, ein Schriftstück einzureichen. Er schrieb einen Brief an den Botschafter. Er erhielt keine Antwort. Er machte einen erneuten Versuch und fragte in der Botschaft an. Konnte man zunächst deutsch mit ihm sprechen, wurde er ganz plötzlich nicht mehr verstanden und das Gespräch unterbrochen. Ein weiterer Brief blieb ebenfalls unbeantwortet.
Er kontaktierte außerdem die deutsch-tunesische Gesellschaft. Eine ausgesprochen liebenswürdige Dame erklärte ihm, leider könne man nichts erreichen. Sie wüsste um die Missstände, ihr seien aber die Hände gebunden, da sie keine politische Kraft besäße. Sie regte an, eventuell eine Initiative von Geschädigten ins Leben zu rufen.
Er unternahm einen weiteren Versuch, indem er den Bruder seines Schweiz-Tunesiers in Tunis anrief. Diesen kannte er ebenfalls von seinem ersten Aufenthalt in Nordafrika.
Er erzählte auch ihm das ganze Ausmaß der Bedrohung. Erstaunlicher Weise bot Malek sofort Hilfe an, bestand aber darauf, Mike müsse umgehend nach Tunesien kommen und in Tunis aussagen. Er konnte sich nicht dazu durchringen. Zu tief

saß die Angst in ihm. Er glaubte fest daran, ein zweites Mal nicht mehr aus diesem Land zu kommen. Malek arbeitete bei einer staatlichen Ölfirma, und Mike hegte den Verdacht, er wolle ihn in das Land locken.
Er wollte nicht zur deutschen Regierung gehen. Er schämte sich einerseits, dass ihm so etwas passiert war, andererseits kam er sich nicht so wichtig vor, und deshalb ließ er die Angelegenheit auf sich beruhen.
Monate später erhielt er einen Anruf von Faruk. Er sei in Köln zusammen mit der belgischen Frau seines Bruders und deren Vater. Er wolle Mike aufsuchen und ihm jetzt Rede und Antwort geben.
Mike lehnte ab. Sofort war die Angst wieder wach. Er war jedoch damit einverstanden, sich in einem amerikanischen Fast- Food Restaurant zu treffen.
Eine Stunde später, die Umgebung sichernd, erreichte Mike das Restaurant.
Als er Faruk erblickte, schoss eine Welle von Wut in ihm hoch. Aggressiv ging er auf den Tisch zu, an dem die Gruppe saß.
"Willst du mir jetzt endlich sagen, was der Grund für dein Verhalten war?", blaffte er.
"Was willst du, ich habe nichts getan", log Faruk. Er hatte ein hämisches, Unschuld spielendes Grinsen im Gesicht.
Mike sprach den Vater der Belgierin an. "Sie haben wirklich keine Ahnung, was er mit mir gemacht hat?", fragte er.
"Ich weiß nichts. Meine Tochter hat ihm ja auch Geld geben. Sie hat es auch noch nicht zurück."
"Dann hoffe ich nur, dass Ihrer Tochter nichts passiert." Mike konnte die Naivität dieses Mannes nicht verstehen. "Glauben Sie wirklich, ich wäre freiwillig aus Tunesien weggegangen? Faruk hat von mir 40.000 Euro bekommen, und ich wollte da unten leben. Wenn er mir nicht so viel Schlechtes angetan

hätte, wäre ich jetzt noch im Land."
"Ich habe für das Geld gebürgt. Meine Tochter hat Jussuf geheiratet", gab er, sich selbst Hoffnung machend, eine Erklärung.
Ein halbes Jahr später verstarb der Belgier plötzlich und unerwartet. Mike war sicher, das Geld wurde auch dort nie zurückgezahlt. Es blieb ja in der Familie.
Sein Geld erhielt er bis heute nicht zurück. Es kamen zwar ab und zu kleine Beträge von Faruk, und ihm wurde, wie auch schon in der Vergangenheit versichert, er erhielte alles wieder, und er sei jederzeit in Tunesien herzlich willkommen.
Das was ihm wirklich wichtig war, endlich eine Erklärung für die Angriffe auf seine Person und sein Leben, bekam er nie.

ENDE

Weitere Bücher von Michael Dunkel sind im Verlag-Kern unter www.verlag-kern.de erhältlich.

Die zwei Gesichter des Mondes

Gedichte von

Michael Dunkel

ISBN: 3-939478-008 und 9-78-3-939478-00-3

Umschlagtext

Michael Dunkel hat in den beiden ersten Büchern, "Der Teufel kochte tunesisch" und "Die Reise zum Blau" seine spannenden Erlebnisse im Ausland beschrieben. Sein neuer Gedichtsband gibt eine breite Reflektion auf unseren sozialen Alltag mit seinem persönlichen Schwerpunkt Liebe und Gefühl.

Die teilweise humorvolle und kritisch nachdenkliche Art machen seine Gedichte zu einem Vergnügen und automatisch findet man sich in seine Gedanken hineingezogen.

Die Reise zum Blau

Roman von

Michael Dunkel

ISBN 3-936269-15-7

Umschlagtext

Dem Ruf, ins Ausland zu gehen, folgen Jahr für Jahr Tausende Menschen. Sie hoffen darauf, ihrem Alltag in Deutschland zu entfliehen und die Chance eines Neuanfangs in einem fremden Land zu erhalten. Ich hatte unter dem vorangegangenen Druck eines finanziellen Engpasses, verbunden mit meinem Körper lähmenden Arbeitsbedingungen, eine scheinbar aussichtsreiche Tätigkeit auf Gran Canaria angenommen. Dies wurde mir von einer Personalagentur im Vorfeld in den schillerndsten Farben näher gebracht und mein Verkaufstalent, auf der mentalen Ebene, mit der höchsten Stufe bewertet. Diese Stufe nannten Sie BLAU. Über die gemachten Erfahrungen und Erlebnisse aus fast fünf Monaten Timeshare-Zirkus im sonnigen Süden handelt das Buch.

Näheres über Michael Dunkel unter www.autorenprofile.de

Weitere Bücher aus dem Verlag-Kern:

Sand in der Seele

Roman von **Evelyne Kern**

ISBN: 978-3-939478-04-1

Umschlagtext

Dieser Roman ist die tragische Geschichte einer Frau, die von einem Unglück in das andere stürzt: Von dem Stress einer kaputten Ehe und dem nervenaufreibendem Job als Journalisten belastet, reist sie, um ein wenig abzuschalten, kurz entschlossen nach Tunesien. Dort trifft sie auf den Mann, der ihr ganzes Leben verändert.

Amor hat sie schändlich belogen und betrogen. Er hat sie nur wegen der deutschen Staatsangehörigkeit und anderer Vorteile, die er und seine Familie sich versprochen hatten, geheiratet. Aus purer Angst, zutiefst verletzt und gedemütigt muss sie schließlich ihr Traumhaus verlassen, und ein harter Kampf gegen einen riesigen arabischen Familienclan beginnt...

Sand in der Seele wurde in den bisherigen Auflagen bereits tausendfach verkauft.

Atemlos ins Nichts

Roman von **Evelyne Kern**

ISBN: 978-3-939478-03-4

Umschlagtext

Atemlos ins Nichts ist Evelyne Kerns zweiter Roman und die bittersüße Liebesgeschichte Julias, die alles verliert, was sie liebt. Aufgewachsen in einfachen Verhältnissen verliebt sie sich als 17-jährige in einen Autodieb. Er ist ihre große Liebe und sie wird ihn, obwohl er bei einem schrecklichen Unfall ums Leben kommt, niemals vergessen. Zwei weitere Männer kreuzen in den folgenden Jahren ihren Weg und auch diese verliert sie auf tragische Weise. Tapfer erträgt sie alle Schicksalsschläge, bis sie eines Tages völlig ausrastet....

Dieser Roman geht durch Mark und Bein. Ungemein romantisch, aber auch unendlich traurig spricht er all die Personen an, die gerne mal ihren Tränen freien Lauf lassen. Zum Heulen schön, aber auch irre romantisch und zugleich anregend spannend verspricht diese Geschichte eine außergewöhnliche Unterhaltung.